文部科学省後援事業

日本語検定

公式 過去問題集

令和6年度版

3級

過去問

日本語検定委員会 編

東京書籍

目次

■本書について

■本書は、2023年度第1回検定問題（2023年6月10日実施）と、2023年度第2回検定問題（2023年11月11日実施）とを収録しています。

■本書に収録された検定問題およびその解答・解説は日本語検定委員会が作成しました。

■本書の問題の出題範囲が、必ずしも2024（令和6）年度検定に出題される問題のすべての範囲を示すものではありません。

■本書の解答と解説に、各問題が主にどの領域の問題であるのかを示しました。領域については、本書4・5ページをご参照ください。

日本語検定のご案内

❶日本語検定の特徴

1 日本語の運用能力を測ります。

漢字や語彙《ごい》など特定の領域に限定せず、日本語の総合的な運用能力を測ります。そのため、6つの領域から幅広く出題します。

1 敬語　2 文法(言葉のきまり)　3 語彙(いろいろな言葉)　4 言葉の意味　5 表記　6 漢字

2 生活場面を想定した問題で、実感をもって取り組むことができます。

小学生から社会人までを対象とする日本語検定では、各級受検者の世代や社会的な役割を想定し、出題内容をそれぞれの生活場面に合わせています。

3 得意な領域・不得意な領域がわかり、自分の日本語を見直すきっかけになります。

受検者一人ひとりに作成される個人カルテ（成績表）には、小問ごとの正誤のほか、領域別得点率なども記されます。これによって、自分の得意な領域やのばす必要のある領域がわかり、自分自身の日本語力を見直すことができます。

❷検定問題

6領域＋総合問題で日本語力を幅広く判定

総合問題

6領域の力を総合的に発揮しながら、文章や図表などを論理的に読み解き、その内容や言おうとすることを的確に捉えることができる。

敬語　場面や相手に応じて、尊敬語や謙譲語を適切に使い分けることができる。

文法　規範的な文法にしたがって語と語を連接させることができる。

語彙《ごい》　さまざまな言葉を正しく理解し、適切に使うことができる。

言葉の意味　慣用句なども含め、意味と用法を的確に把握することができる。

表記　漢字、仮名遣い、送り仮名について、文脈に合った適切な使い方をすることができる。

漢字　漢字や熟語の読み方と意味を理解し、適切に使い分けることができる。

❸受検級について

受検級	認定級*	各級のレベル	受検の目安						
			社会人	大学生	高校生	中学生	小学校高学年	小学校中学年	小学校低学年
1級	1級／準1級	社会人上級レベル							
2級	2級／準2級	大学卒業～社会人中級レベル							
3級	3級／準3級	高校卒業～社会人基礎レベル							
4級	4級／準4級	中学校卒業レベル							
5級	5級／準5級	小学校卒業レベル							
6級	6級／準6級	小学校4年生レベル							
7級	7級／準7級	小学校2年生レベル							

＊得点率に応じて、２種類の認定があります。

❹受検時間について（一般会場）

級	受検時間	検定開始	級	受検時間	検定開始
1級	60分	13：30	2級	60分	11：00
3級	60分	13：30	4級	50分	11：00
5級	50分	13：30	6級	50分	11：00
7級	50分	13：30			

＊検定開始時刻が異なる級に限り、併願受検も可能です。

❺認定の基準について

日本語の総合的な能力を測る

6つの領域でバランスよく得点することが必要です。

領域別得点率が50%に満たない領域がある場合には、認定されません（7級を除く）。

総合得点率と領域別得点率の両方の基準を満たすことで認定されます。

認定級	総合得点率	領域別得点率
1級	80%程度以上	50%以上
準1級	70%程度以上	
2級	75%程度以上	
準2級	65%程度以上	
3級	70%程度以上	
準3級	60%程度以上	
4級	70%程度以上	
準4級	60%程度以上	
5級	70%程度以上	
準5級	60%程度以上	
6級	70%程度以上	
準6級	60%程度以上	
7級	70%程度以上	領域なし
準7級	60%程度以上	

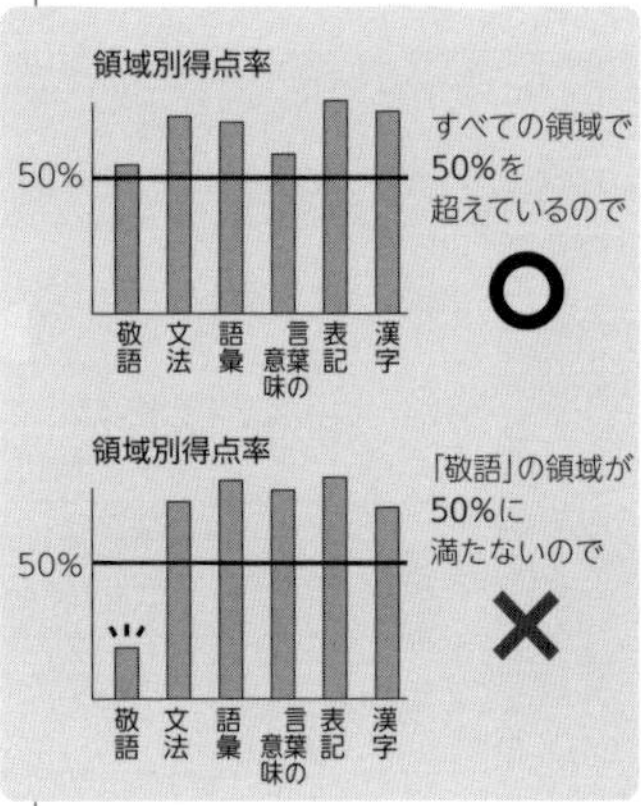

❻個人受検の流れ

＊団体受検につきましては、日本語検定委員会事務局までお問い合わせください。

1. お申し込み・受検料の支払い

＊お支払い後の取り消し・返金・級の変更・次回検定への繰り越しはできませんのでご注意ください。

①インターネットからのお申し込み

日本語検定ホームページから、お申し込みと受検料のお支払いができます。

＊お支払いは、クレジットカード・ペイジー・コンビニ決済・キャリア決済・コード決済から選択できます。

＊お申し込みページはこちら

②店頭でのお申し込み

取扱書店・商工会議所・代理店に申し込み、受検料をお支払いください。

「書店払込証書」または領収書(「払込受領証」等)を受け取り、出願書類を送付(下記2)してください。

③郵送でのお申し込み

郵便局または銀行の下記口座に受検料を振り込み、「払込受領証」を受け取り、出願書類を送付(下記2)してください。

[郵便振替]

口座番号　00190-3-578318

特定非営利活動法人　日本語検定委員会

[銀行振込]

三菱UFJ銀行　王子支店

普通口座　0023774

カナ　トクヒ)ニホンゴケンテイイインカイ

名義　特定非営利活動法人　日本語検定委員会

2. 出願書類の送付

＊ホームページからの申し込みの場合を除きます。

願書に必要事項を記入し、「書店払込証書」または領収書(「払込受領証」等)を、返信用63円切手とともに専用封筒に入れ、委員会事務局へ郵送してください。

【願書提出先】

特定非営利活動法人　日本語検定委員会　委員会事務局

〒114-8524　東京都北区堀船2-17-1

＊受検料をお支払いになっていても、上記書類が未着の場合はお申し込みが無効となりますのでご注意ください。

3. 受検票の受け取り

検定日の約1週間前

4. 受検

検定日

5. ホームページ上での解答速報閲覧

検定日の数日後

6. ホームページ上での合否速報閲覧

検定日の約25日後

7. 個人カルテ・認定証の受け取り

検定日の約35日後

❼ 2024（令和 6）年度　日本語検定　実施予定

第 1 回 （通算第 35 回）

6 月 15 日（土）：一般会場

6 月 14 日（金）・15 日（土）：準会場

●**申込期間**：3 月 1 日（金）～ 5 月 17 日（金） ＊ 5 月 18 日（土）消印有効

第 2 回 （通算第 36 回）

11 月 9 日（土）：一般会場

11 月 8 日（金）・9 日（土）：準会場

●**申込期間**：8 月 1 日（木）～ 10 月 11 日（金） ＊ 10 月 12 日（土）消印有効

●お問い合わせ・手続き取扱窓口

特定非営利活動法人
日本語検定委員会　委員会事務局
〒114-8524　東京都北区堀船2-17-1
0120-55-2858
午前 9:30～午後 4:30（土・日・祝日を除く） https://www.nihongokentei.jp

検定問題

令和5（2023）年度 第1回

日本語検定

3級

受検上の注意

1. 問題用紙は、検定監督者の指示があってから開いてください。
2. 乱丁や著しいよごれがある場合は交換しますので、直ちに検定監督者に申し出てください。
3. 答案用紙に、受検番号と氏名が書いてある受検者番号シールを貼り付けてください。
（「受検者番号シール貼り付け欄」に貼り付けてください。）
4. 問題内容についての質問には答えられません。
5. 途中退場する場合は挙手をして、検定監督者に申し出てください。

●検定実施：2023 年 6 月 10 日
●受検時間：60 分

特定非営利活動法人
日本語検定委員会

問1

【　　】のような場面で、それぞれの（　　）部分はどのような言い方をすればよいでしょうか。最も適切なものを選んで、番号で答えてください。

一

【入院している父に見舞いの品を贈ってくれた隣人へ、礼を言いに行って】

父は甘い物に目がないものですから、たいそう（　　　）いました。

1　お喜びして

2　喜んで

3　お喜びになって

二

【取引先の係長に、その上役に贈る昇進祝いを手渡して】

心ばかりの品ですが、部長の田中様に（　　　）ませんでしょうか。

1　お渡しください

2　お渡ししていただけ

3　渡してもらえ

三

【経済雑誌の編集者が、経済学者に取材依頼のメールを送って】

この度の長期金利の上限引き上げが日本の経済に与える影響について、先生に（　　　　　）、ご連絡差し上げました。

1　ご教示になりたく
2　ご教示されたく
3　ご教示賜りたく

四

【勤め先の取締役から、新しいプロジェクトのリーダーになってくれないかと言われて】

かしこまりました。（　　　　　）。

1　お引き受けなさいます
2　引き受けて差し上げます
3　お引き受けいたします

五

【買った物を返品しに来た客に、販売員が尋ねて】

こちらの商品は、いつ（　　　　　）ものですか。

1　ご購入いたされた
2　購入された
3　ご購入になられた

問2

【　　】のようなとき、それぞれの（　　）に入る言い方として最も適切なものを選んで、番号で答えてください。

一　【大学の教授にあてた暑中見舞いの末尾に】

酷暑の折から、ご自愛（　　）のほど念じ上げます。

［**1** 専有　**2** 専念　**3** 専一］

二　【取引先の企業に送る、商品説明会の案内状の冒頭に】

貴社におかれましては、ますます（　　）のこととお喜び申し上げます。

［**1** ご健勝　**2** ご清栄　**3** ご高配］

三　【小学校時代の恩師に、近況を報告する手紙の末尾に】

（　　）乱文お許しくださいませ。

［**1** 乱筆　**2** 乱雑　**3** 乱調］

四　【先輩の結婚式の二次会で、挨拶をして】

（　　）ながら、本日司会を務めます、早川です。

［**1** 恐悦　**2** 滅相　**3** 僭越《せんえつ》］

五　【打ち合わせのため、会社を訪ねてきた取引先の人に】

本日は（　　）のところ、弊社までお越しいただき、誠にありがとうございます。

［**1** ご性急　**2** ご焦心　**3** ご多用］

問3

一〜五のようなことを言うとき、（　　）の部分はどちらの言い方が適切でしょうか。
適切なほうを選んで、番号で答えてください。

一　判断能力を欠いた高齢者を口車に乗せ、法外な値段の商品を（**1** 買わさせる　**2** 買わせる）悪質な業者が後を絶たない。

二　当塾は、担当講師をいつでも（**1** 変えられる　**2** 変えれる）ので、何かあれば相談してください。

三　最近は商品の代金を電子マネーで（**1** 支払える　**2** 支払えれる）店が増えてきて、買い物がとてもスムーズになった。

四　不慮の事故によるけがで引退した水泳選手の、無理に明るく振る舞う姿が、（**1** 痛々しいくて　**2** 痛々しくて）気の毒だった。

五　同窓会の幹事を務めたが、皆を喜ばせたいと思ってやったことがすべて（**1** 空回りして　**2** 空回って）しまい、すっかり自信をなくしてしまった。

問4

次の会話は、学習塾の受付係と保護者の間の、電話でのやりとりです。**ア**〜**カ**に当てはまる言い方として最も適切なものを選んで、番号で答えてください。

【受付係】お電話ありがとうございます。学習塾「まなびライト」です。

【木　下】いつもお世話になっております。木下勇樹の母です。担任の大川先生はいらっしゃいますか。

【受付係】あいにく大川は本日休みを（　**ア**　）おります。いかが（　**イ**　）ましたか。

【木　下】先生はお休みなんですね。実は、昨晩息子の模擬試験の結果を見たのですが、志望校の合格率は四十パーセントとの判定でした。志望校を考え直すべきか、先生のお考えを（　**ウ**　）たかったのです。息子は家では遊んでばかりで、全く危機感がなくて。

【受付係】（　**エ**　）。大川との面談を手配しますので、しばらくお待ちいただけますでしょうか。明日の昼頃には、木下様へ（　**オ**　）かと思います。

【木　下】よろしくお願いします。面談には息子も参加させてください。これを機に、息子が受験生としての自覚を（　**カ**　）いいのですが……。

ア……1 いただいて　2 取られて　3 取って
イ……1 いたし　2 され　3 なさられ
ウ……1 伺い　2 聞き　3 お尋ねになり
エ……1 了解です　2 なるほどですね　3 さようでございましたか
オ……1 ご連絡できる　2 ご連絡になれる　3 ご連絡いただける
カ……1 持てれば　2 持てれば　3 持てられれば

問5

次の文の中で、文を構成する要素間の文法的、また意味的な関係から、文の表す意味が一通りの解釈に限られるものを**二つ**選び、番号で答えてください。

1 私は鈴木さんほど早く振り付けを覚えることができない。

2 喫茶店に入った山田さんはいつものように窓際の席に座って紅茶を注文した。

3 幼い娘は公園で三輪車に乗って走る友達を追いかけている。

4 音楽が好きな兄は加藤さんと一緒に文化祭で軽音楽のライブを行うそうだ。

5 校門のところに立っている背が高くてきれいな金髪の女性は誰だろうか。

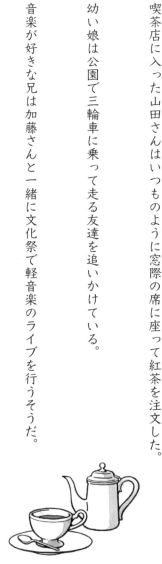

問6

【　】の中の言葉に対して、一～三は意味の最も類似した語（類義語）を、四～六は対照的な意味を表す語（対義語）を選んで、番号で答えてください。

《類義語》

一【漂泊】 1 流罪　2 流布　3 流浪 ［　］

二【必至】 1 必然　2 必須　3 必要 ［　］

三【壮健】 1 健在　2 穏健　3 頑健 ［　］

《対義語》

四【難解】 1 平易　2 安易　3 簡易 ［　］

五【異説】 1 巷説《こうせつ》　2 通説　3 俗説 ［　］

六【顕在】 1 点在　2 潜在　3 内在 ［　］

問7

一～四のそれぞれについて、【　　】に記されている二つの言葉と意味のうえで同じ関係になる組み合わせを一つ選んで、番号で答えてください。

どちらの言葉が前で、どちらの言葉が後になっているかということにも注意してください。

一【医科――内科】

［1 中国語――日本語　2 感覚――聴覚　3 主菜――副菜　4 警察官――公務員］

二【就航――航路】

［1 登頂――頂上　2 入域――域外　3 代弁――弁舌　4 乗車――車道］

三【高温――温度】

［1 高官――官庁　2 高評――評論　3 高価――価格　4 高利――利権］

四【草書――行書】

［1 落日――終日　2 惑星――土星　3 柔道――剣道　4 法令――伝令］

問8

次の会話は、ソフトテニス部に所属する大学三年生の加藤さんと鈴木さんの会話です。**ア〜オ**に当てはまる最も適切な言葉を選んで、番号で答えてください。

【加藤】大倉、バイクでガードレールにぶつかって全治一か月のけがだってな。

【鈴木】救急搬送されたって最初に聞いたときは、（**ア**）よ。正直、けがで済んだのは不幸中の幸いだったと思う。

【加藤】そうだな。来月の大会のエントリーが明後日締め切りだけど、どうする？　鈴木は大倉とペアでダブルスに出場予定だったよな。

【鈴木】大倉の代わりを二年の林に頼むつもりだよ。林は幼なじみで（**イ**）仲だし、うまくやれると思う。

【加藤】そうか。林は、あと一ポイント取られたら負けっていう絶体絶命のピンチでも（**ウ**）としていて、頼もしいよな。

【鈴木】うん、技術的な面での課題は枚挙に（**エ**）がないけどね。練習にはちゃんと来るのに、このところはあまり上達していない気がするよ。

【加藤】最近の林は浮かない顔をしていることが多いから、もしかすると何か心配事があって、練習に（**オ**）のかもな。今度会ったらそれとなく聞いてみるよ。

ア……	**1** 肝を潰した	**2** 肩をすぼめた	**3** 気をのまれた
イ……	**1** 気が置けない	**2** 気が抜けない	**3** 気が引けない
ウ……	**1** 自由闊達《かったつ》	**2** 傍若無人	**3** 泰然自若
エ……	**1** かぎり	**2** きり	**3** いとま
オ……	**1** 足がつかない	**2** 身が入らない	**3** 手が回らない

問9

一〜四のようなことを言うとき、（　　）に入る言葉として最も適切なものを選んで、番号で答えてください。

一　昨日のドキュメンタリー番組では、とある刃物職人による（　　）の技が紹介されていた。

［**1** 熟慮　**2** 熟練　**3** 熟成］

二　悪政を敷く王に仕えることになった主人公が、押し付けられる無理難題を知恵一つで解決するさまは、実に（　　）である。

［**1** 痛快　**2** 痛烈　**3** 痛切］

三　彼女は感情の（　　）に聡《さと》いから、対人関係における気苦労が多そうだ。

［**1** 微意　**2** 機微　**3** 微小］

四　米沢藩の厳しい財政を、数々の施策によって立て直した上《うえ》杉《すぎ》鷹《よう》山《ざん》は、江戸時代屈指の（　　）と言っても過言ではないだろう。

［**1** 傑出　**2** 傑作　**3** 英傑］

問10

一〜三の【　　】の中の言葉を最も適切に使っているのは、それぞれどの文でしょうか。番号で答えてください。

一【にわかに】

1 見知らぬ相手から「必ず返すから金を貸してくれ」と言われても、にわかには信じることができないので、応じられない。

2 有志による地域の清掃活動を始めて五年、にわかにではあるが参加人数が増えてきた。

3 妻の実家を初めて訪れたときはとても緊張したが、義父母がにわかにもてなしてくれたので、すぐに打ち解けることができた。

二【血道を上げる】

1 弟は父から生活態度について注意されたことが気に入らなかったのか、今朝からずっと血道を上げている。

2 漫画の登場人物に憧れてボクシングを習い始めたが、練習のあまりの厳しさに、一週間で血道を上げた。

3 園田さんはあるアイドルの応援に血道を上げていて、グッズの収集やイベントへの参加のために、生活費を切り崩すこともあるようだ。

三【年《とし》端《は》も行かぬ】

1 新年を迎えてすぐに初詣に向かう人々が多くいるようで、毎年近所の神社には、まだ年端も行かぬうちから参拝客が詰めかけるそうだ。

2 親鸞聖人《しんらんしょうにん》は、九歳という年端も行かぬ身で仏門に入ったと言われている。

3 彼は料理人として独り立ちしてから年端も行かぬが、堂々と調理するその姿には、まるで長年この道を歩んできたかのような貫禄がある。

問11 【　　】の漢字を使った1～4の言葉の中に、その漢字が、他の三つとは異なった意味で使われているものが一つあります。その言葉を番号で答えてください。

一【破】
1 読破　2 爆破　3 破壊　4 破損
［　　］

二【声】
1 発声　2 名声　3 奇声　4 音声
［　　］

三【反】
1 反逆　2 反旗　3 反応　4 反抗
［　　］

四【固】
1 固定　2 固守　3 固辞　4 固執
［　　］

問12

次の文章は、ある大学生が書いた、文芸部が発刊する文芸集に載せるコラムの下書きですが、読み返してみると、漢字・送り仮名・仮名遣いなどについての誤りがいくつかありました。

ア〜ツの —— 部分の表記が適切である場合には ○ を、適切でない場合には × を解答欄に記入してください。

大型連休の初日。大好きな夏目漱石にゆかりのある場所を巡ってきました。夏目漱石は、お札の<u>ア消像</u>にもなった文豪ですね。

彼が生まれ育った新宿区喜久井《きくい》町にある記念碑のところから<u>イ散策</u>を始めました。この喜久井町という地名は、夏目家の家紋である「井桁に菊」にちなんで付けられたそうです。

まず訪れたのは、漱石が<u>ウ晩年</u>を過ごした住宅の跡地にできた文学館。展示場の中の、漱石の書斎を<u>エ際現</u>した一角には目を奪われました。そびえ立つ書棚、床に<u>オ積み重さなった</u>書籍、座卓の脇に据えられた火鉢。机に肘をついて<u>カ思作</u>にふける漱石の姿が目に浮かびます。この場所で数多くの名作が誕生したのだと思うと、感動がこみ上げました。

次は、電車に乗って東京大学へ。ここでは、『三四郎』の<u>キ舞台</u>である通称「三四郎池」を見てきました。都会の喧騒《けんそう》を忘れさせてくれる、<u>ク清寂</u>に<u>ケ包まれた</u>場所でした。作中の描写と実際に見る風景を比べてみるのも、また<u>コ一興</u>ですよ。

朝から歩き続けて疲れたので、『吾輩《わがはい》は猫である』で話題にのぼっている団子屋さんで休憩することにしました。お団子を<u>サほうばる</u>と、自分が登場人物の一人になったような気分になります。

最後に目指したのは、「猫の家」。漱石が<u>シ流学先</u>のイギリスから<u>ス帰国</u>した後、3年ほど住んだ家があったところです。ここで漱石は『吾輩は猫である』などを執筆しました。ここには、地面に座る猫と、<u>セ塀</u>の上を歩く猫の像があります。猫が夏目邸に入り込んでは妻に追い返されるのを見かねた漱石が、家に置いてやることにしたという<u>ソ逸話</u>があるそうです。『吾輩は猫である』に登場する猫のモデルはこのときの猫だと言いますから、もし<u>タ夢下に</u>見捨てていたら、あの名作は生まれなかったかもしれません。そう思うと、あの猫の像の前に<u>チひざまずいて</u>御礼を述べたくなります。

<u>ツ不生出</u>の天才である漱石が過ごした場所に足を運び、文学の世界に思いをはせる、とても充実した一日になりました。

問13

一〜五には、パソコンなどで入力したときの変換ミスがそれぞれ一つあります。誤っている表記を含む言葉の正しい書き方を、**楷書**で解答欄に記入してください。（例：バスは定刻どおりに発射した。　解答●発車）

一　彼は企画した商品の売れ行きが好調で特異になっているようだが、支えてくれた人たちへの感謝の気持ちを忘れないでほしい。

二　勤め先の飲食店で、仕事が遅いことに腹を立てた先輩に口臭の面前で怒鳴られ、恥ずかしい思いをした。

三　米国の利下げを見込んでか、急速に進講していた円安が一転し、ここ数日は円相場が上がり続けている。

四　様々な背景を持つ人がいる現代社会においては、互いの生き方や価値観を認め、需要することが大切だと思う。

五　父は自身が数か月かけて完成させた絵画を、改新の出来だと満足そうに眺めている。

問14

一～五それぞれの**ア・イ**の□に共通して入る適切な漢字一字を**楷書**で解答欄に記入してください。

一
ア　社内会議で新商品の提案を行った同僚が、上役からの質問によどみなく答えるさまは、まさに□て板に水であった。
イ　近年は□身出世を望む若者が減っていると言うが、私の職場には昇進を目指す若手社員が多くいる。

二
ア　一日の計は□にあり、一年の計は元旦にありで、日々の稽古も目標を決めてから取り組むと、充実した時間になる。
イ　社長の□令暮改は日常茶飯事で、ころころと変わる経営方針に、社員はいつも振り回されている。

三
ア　注文した料理が一時間以上たっても提供されないことに対し、少しもいら立つことのない姉は、気が□い人だと思う。
イ　いつまでも若々しく元気でいられるよう、バランスの良い食事や規則正しい生活を意識して、不老□寿を実現したいものだ。

四
ア　昨日は後輩が無断欠勤したために遅れた業務を、自分が残業してカバーすることになり、□を食った。
イ　インターネットの普及により、通信販売の業界は多くの企業が覇権を争う、群雄□拠の時代となった。

五
ア　彼は赤字の続く店舗を次々と立て直した優秀なマネージャーだが、スタッフに対する物言いがあまりにも厳しいところが□にきずだ。
イ　創業当時の働き方を金科□条として長らく守ってきた我が社だが、現在は社会情勢の変化に合わせた新たな働き方を模索している。

問15

一～五のア・イについて、（　　）に入る漢字として適切なものを、それぞれの【　　】から選んで、番号で答えてください。適切なものがないときは、**3** を選んでください。同じ番号を二回使ってもかまいません。

一【**1** 明　**2** 名　**3**（適切なものがない）】

ア　常連客が多い喫茶店を経営する両親に、新たな客を呼び込むイベントを提案したところ、「それは（　）案だ」と喜ばれた。

イ　デビューして十年、様々なジャンルの小説を書きながら作家としての方向性を模索してきたが、未だに（　）走している。

二【**1** 貪　**2** 鈍　**3**（適切なものがない）】

ア　祖母は学ぶことに（　）欲な人で、興味のある分野を見つけては、関連する本を読みあさったり市民講座を受けたりしている。

イ　風邪で嗅覚が落ち、においに（　）感になると、ガス漏れなどの異常に気づかないことがあるので注意しなくてはならない。

三【1 率　2 律　3（適切なものがない）】

ア　かつての母校には、「上級生と出会ったら道の端に寄って挨拶する」という不文（　　）があったそうだ。

イ　業務に優先順位を付けて取り組んだ結果、能（　　）が格段に上がった。

四【1 怒　2 努　3（適切なものがない）】

ア　水泳教室での不適切な指導により生徒が負傷した件について、運営者が開いた説明会では、保護者たちの（　　）号が飛び交った。

イ　創業五十周年を迎える近所の洋菓子店は、明日に限り全ての商品を、採算を（　　）外視した値段で販売するそうだ。

五【1 剣　2 険　3（適切なものがない）】

ア　いくら彼女と反りが合わなくても、そうやって邪（　　）に扱うのは良くないよ。

イ　いざというときに命を守る行動が取れるよう、防災訓練には真（　　）に取り組みましょう。

問16

次の文章は、「孤独を感じること」について、会社員の高田さんが資料を基に考えたことを書いたものです。これを読んで、後の質問に答えてください。一以外は番号で答えてください。

先日27歳の誕生日を迎え、多くの友人から祝福のメッセージを受け取った。友人がたくさんいることに喜びを感じる一方で、ここ最近は漠然とした孤独感を覚えることが増えた。自分は家族や友人たちと^ア^ズイジ連絡を取り合っているのに、なぜ孤独を感じるのだろう。調べてみると、令和3年に内閣官房によって行われた、孤独に関する調査の結果が公表されていた。これを見て驚いたのは、孤独感が「常にある」「時々ある」人の割合は、20代が最も高く、次いで30代の順であったことだ。若い世代の人々はSNSを介して常に他者と接しているため、(　**A**　)と思っていたが、実際は異なるようだ。

図1は、先の調査のなかで、同居していない家族や友人とコミュニケーションを取るためにSNS（LINE等）を利用する頻度を尋ね、その結果と孤独を感じる度合いとの関係を表したグラフである。「（孤独を感じることが）しばしばある・常にある」「時々ある」「たまにある」を合わせた割合は、SNSの利用頻度が「週4〜5回以上」で33%と最も低く、「月1回未満」が46%と最も高い。また、最も高い頻度でSNSを利用する層は、「（孤独を感じることが）決してない」人の割合が32%と、他の層に比べて高い。このことから、SNSの利用頻度と孤独を感じることの間には関連があると考えられる。しかしながら、SNSの利用が「全くない」という層でも、孤独を感じることが「決してない」人の割合が22%と、他と比べて(　**イ**　)数値を示している。こうした人々はSNS以外の方法で他者とつながっている可能性もあるが、他者と接する機会の多さだけが孤独感の有無を決めるわけではないという可能性も捨てきれない。

では、人はどのようなときに孤独を感じるのだろうか。**表1**は、「孤独をよく感じる人」（先の調査において、孤独を感じることが「たまにある」「時々ある」「しばしばある・常にある」と回答した人）と、「孤独をあまり感じない人」（孤独を感じることが「決してない」「ほとんどない」と回答した人）に対し、現在の状況に至る前に経験した出来事を尋ねた結果をまとめたものである。孤独をよく感じる人とそうでない人で、経験したと答えた人の割合に2倍以上の差がついた項目は、「失業・休職・退学・休学」「家族との離別」「家族間の重大なトラブル」「心身の重大なトラブル」「人間関係による重大なトラブル」「金銭による重大なトラブル」「生活困窮・貧困」である。人との別れやいさかいなど、やはり他者とのつながりに関連する出来事から孤独を感じることが多いようだ。他方で、「心身の重大なトラブル」「金銭による重大なトラブル」「生活困窮・貧困」といった、一見他者とのつながりとは関係がなさそうな出来事も孤独感に結び付いている。もしかすると孤独は、どんな出来事でも、それが引き金となって引き起こされ得る感情なのかもしれない。

先の調査によると、孤独を強く感じている人は「(　**B**　)」と回答する割合が高いそうだ。思えば、私にも悩みを相談できる相手がいない。たとえ他者と接する機会が多くても、困ったときに頼りにできる間柄の者がいなければ、胸の内を吐き出すことができない辛さから、孤独感を深めてしまうのではないだろうか。

内閣官房は、個々の状況に応じて支援制度や相談先を案内する「あなたはひとりじゃない」という窓口を設けている。誰にも言えない悩みを抱えたら、こうした公的な窓口を頼るのも良いのかもしれない。このような窓口がすべての人に認知され、「(　**B**　)」と感じる人がいない社会になることを願っている。

図１　SNS(LINE 等)の利用頻度別に見た、孤独を感じる度合い（単位：%）

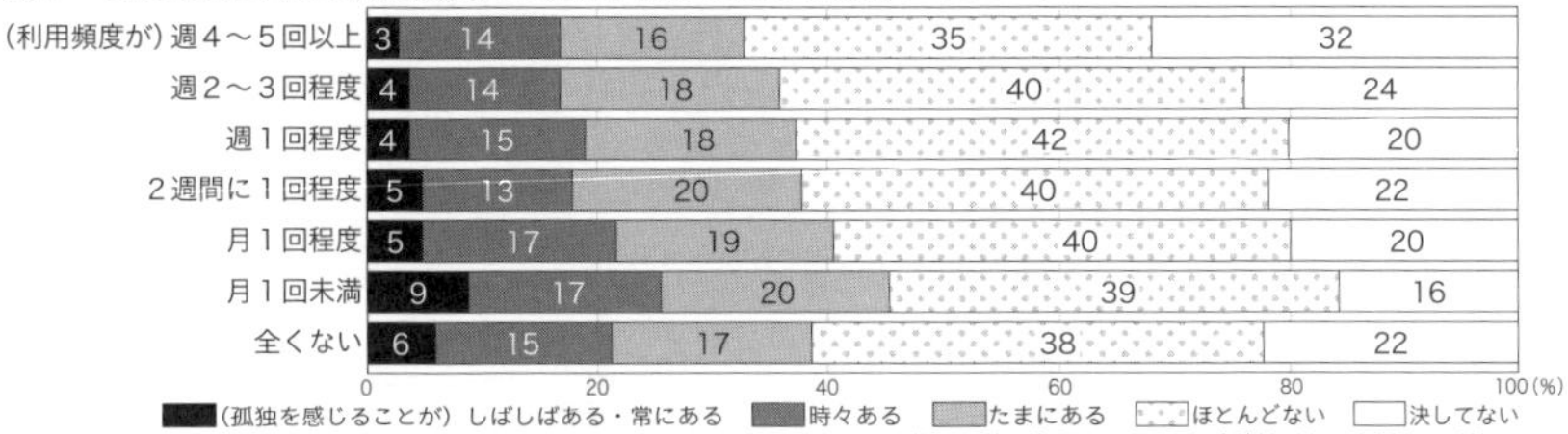

＊小数点以下を四捨五入しているため、合計が 100%にならないことがある。

表１　現在の孤独感に至る前に経験した出来事（「経験した」と答えた人の割合）（単位：%）

	孤独をよく感じる人	孤独をあまり感じない人
一人暮らし	23	16
転居	11	12
転校・転職・離職・退職	16	12
失業・休職・退学・休学	8	4
家族との離別	10	5
家族との死別	21	15
家族以外の親しい知人等との死別	9	7
家族間の重大なトラブル	7	2
心身の重大なトラブル	17	7
人間関係による重大なトラブル	14	3
金銭による重大なトラブル	6	2
生活困窮・貧困	10	2
自然災害の被災・犯罪の被害等	2	2

＊小数点以下は四捨五入して計上。「その他」「いずれも経験したことがない」「無回答」は省略している。複数回答可。
出典：内閣官房孤独・孤立対策担当室「人々のつながりに関する基礎調査（令和３年）調査結果の概要」（令和４年４月）を基に作成。

一　ア「ズイジ」を**楷書**の漢字で書いてください。

二　A・Bに入る言い方として最も適切なものは、それぞれどれでしょうか。

1　他者と接する機会が少ない
2　悩みなどを相談する相手がいない
3　孤独感とは無縁である
4　孤独を感じやすい

三　イに入る言い方として最も適切なものはどれでしょうか。

1　明らかに低い
2　決して低くはない
3　明らかに高い
4　決して高くはない

四　表1をグラフで表す場合、本文の内容を論じるのに最も適した形式はどれでしょうか。

1　その出来事を経験したと答えた「孤独をよく感じる人」と「孤独をあまり感じない人」の割合を、並べて示した棒グラフ。
2　「孤独をよく感じる人」と「孤独をあまり感じない人」のそれぞれについて、経験したと答えた人の割合が高い出来事から順に並べた棒グラフ。
3　現在の状況に至る前に経験した出来事について、「孤独をよく感じる人」と「孤独をあまり感じない人」の回答を合算し、内訳を示した円グラフ。
4　「孤独をよく感じる人」と「孤独をあまり感じない人」で、経験したと答えた人の割合が高い出来事をそれぞれ五つ示した円グラフ。

問17　大学生の岡田さんが「タイム・パフォーマンス」に関する自分の考えを書いた次の文章を読んで、後の質問に番号で答えてください。

就職に伴って一人暮らしを始めるため、すでに独り立ちしている兄に、自活する上でのコツを尋ねた。すると、数々の生活術に加えて、「時間が足りないと感じたら、『タイパ』を意識するといいよ。」というアドバイスが返ってきた。

「タイパ」というのは「タイム・パフォーマンス」の略語で、かけた時間に対する成果の度合いのことを言うのだそうだ。かけた時間に対して満足のいく成果が得られるものを「タイパが良い」、反対に、得られる成果がかけた時間に見合わないものを「タイパが悪い」と表現するのだという。物事にかかる時間を短縮する「時短」とは意味合いが異なる感じがして、とても興味深く感じた。

「時短」が「所要時間をとにかく短くする」ことに重きを置いた考え方である一方、「タイパ」の要点は「成果」という部分にありそうだ。単なる作業時間の短縮ではなく、費やした時間に対して成果が十分かという点が重要なのではないだろうか。例えば、本来であれば二十分かかる料理が五分で完成するレシピがあったとする。「時短」の観点で見ると、このレシピは料理にかかる時間が短縮されるので、良いものだという評価が下される。しかし「タイパ」の観点で見ると、（　**ア**　）、いくら所要時間が短くなったとしても、良いものだという評価にはならないのだ。

「タイパ」という言葉が広まったのは、時間を使うことに対する人々の考え方に、変化が生じているからなのかもしれない。インターネット上には動画や音楽、書籍やニュースなど、無数のコンテンツがあふれ、それらは日々、増え続けている。その一方で、私たちに与えられた時間は一日に二十四時間で、増えることは決してない。アクセスできる情報が増えれば増えるほど、私たちの時間は足りなくなっていくのだ。そうした中で、時間の消費に対する人々の見方が、シビアになってきたのではないだろうか。限られた時間でできるだけ多くのコンテンツを楽しみたい、多くのことを得たいと思えば、情報を評価し、**イ**取捨選択することが不可欠だ。その評価の軸が、（　**ウ**　）なのだろう。

以前、友人たちと「本を読む前に、口コミなど世間の評判を確認するか」という話をした。友人たちの意見は、「先入観を持ちたくないので確認しない」と「得られるものがなければ時間の無駄なので確認する」の二つに分かれた。今思うと、後者の意見の根底には、「タイパ」という考え方があったのかもしれない。だからと言って、前者の意見を「タイパが悪いので良くない方法だ」と切り捨てることは、私にはできない。自身の純粋な興味関心によって本を選び、偏見のない目で内容を楽しむ。結果として、かけた時間のわりに得られるものの少ない作品であったとしても、それはそれで読書を楽しんだと言えるはずだ。

時間の消費に自覚的になるという点で、「タイパ」はとても有意義な考え方だ。しかしながら、あらゆる物事を「タイパ」だけで判断してしまうのはもったいない。（　**エ**　）で取り組むからこそ味わえる醍醐《だいごみ》味もあるだろう。これからは、どの物事に「タイパ」を求めるのか考えつつ、限りある時間を大切に使うことで、日々の生活を充実させていきたい。

一　アに入る言い方として最も適切なものはどれでしょうか。

1 料理に五分をかける時間的な余裕がなければ
2 完成品が五分かけてでも作りたいと思えるものでなければ
3 作り手が料理にかける時間を捻出しようとしないのであれば
4 かけた時間以上の価値が完成品にあるのであれば

二　イ「取捨選択する」と似た意味を表す言葉はどれでしょうか。一つ選んでください。

1 しのぎをけずる　2 かまをかける　3 けりをつける　4 ふるいにかける

三　ウ・エに入る言葉の組み合わせとして最も適切なものはどれでしょうか。

1 ウ…「時間」と「成果」　エ…損得抜き
2 ウ…「情報」と「消費」　エ…打算的な考え
3 ウ…「情報」と「消費」　エ…公平な目
4 ウ…「時間」と「成果」　エ…うがった見方

四　筆者が第五段落「以前、友人たちと……言えるはずだ。」を書いた意図として、最も適切だと考えられるものはどれでしょうか。

1 無意識のうちに「タイパ」を基にした判断を下していることへの危機感を述べるため。
2 「タイパ」という考え方が、生活を充実させうるものであることを強調するため。
3 「タイパ」だけで物事を判断することに否定的な自身の意見を述べるため。
4 時間に対する人々の意識が変化してきていることを、具体的なエピソードで示すため。

答案用紙

日本語検定

令和5（2023）年度　第1回

3級

注意

1. 下の「受検者番号シール貼り付け欄」に、受検番号と氏名が書いてある受検者番号シールを貼り付けてください。
2. 答案用紙は裏面まで続いていますので、注意してください。
3. 読みやすい字で、枠からはみ出さないように記入してください。
4. 間違えたところは、消しゴムを使用して、きれいに消してから記入してください。

受検者番号シール貼り付け欄

受検者番号シールを
貼ってください。

特定非営利活動法人
日本語検定委員会

記入例

1

1・3

番号で答えるときは、このように算用数字で記入してください。

問1

一
二
三
四
五

問2

一
二
三
四
五

問3

一
二
三
四
五

問4

ア
イ
ウ
エ
オ
カ

問5

・

問6

一
二
三
四
五
六

問7
一
二
三
四

問8
ア
イ
ウ
エ
オ

問9
一
二
三
四

問10
一
二
三

問11
一
二
三
四

問12
ア
イ
ウ
エ
オ
カ
キ
ク
ケ
コ
サ
シ
ス
セ
ソ
タ
チ
ツ

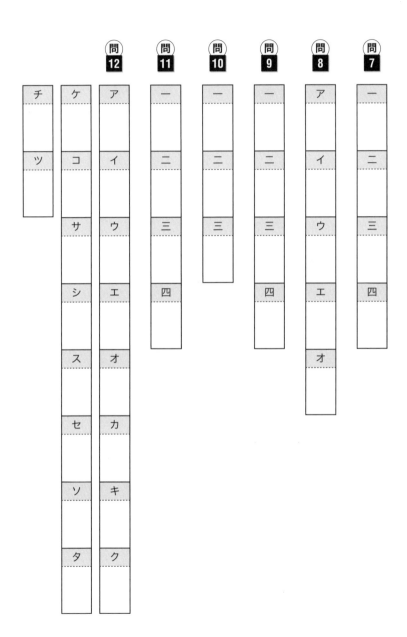

問13
一
二
三
四
五

問14
一
二
三
四
五

問15
一 ア イ
二 ア イ
三 ア イ
四 ア イ
五 ア イ

問16
一
二 A B
三
四

問17
一
二
三
四

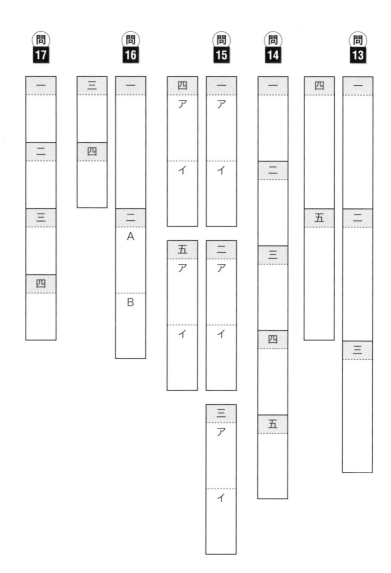

問1［敬語］

解答　一…2　二…1　三…3　四…3　五…2

解答のポイント　さまざまな場面における敬語や敬意表現の適切な使用に関する問題である。敬語は、尊敬表現と謙譲表現を適切に使い分ける必要がある。特に謙譲表現には、「お（ご）～する」「申し上げる」のように、行為の向かう先の人物に対する敬意を表す謙譲語Ⅰと、「参る」「申す」のように、自分側の行為などを相手に対して丁重に述べる謙譲語Ⅱがあるので、注意したい。（「敬語の指針」平成十九年　文化審議会答申）

一　身内である父が喜んでいたことを言っているので、尊敬語を用いずに言っている、2「喜んで（いました）」が適切。1「お喜びして（いました）」は、「お～する」という謙譲語Ⅰの表現を、向かう先のない行為である「喜ぶ」に用いていて不適切。3「お喜びになって（いました）」は、身内である父の行為に尊敬表現「お～になる」を用いていて不適切。

二　係長が品物を渡してくれることを、尊敬表現「お～くださる」を用いて言っている、1「お渡しください（ませんでしょうか）」が適切。2「お渡ししていただけ（ませんでしょうか）」は、係長の行為に謙譲表現「お～する」を用いていて不適切。3「渡してもらえ（ませんでしょうか）」は、係長への敬意が表されておらず、不適切。

三　教示してもらいたいということを、もらうことの謙譲語「賜る」を用いて言っている、３「ご教示賜りたく」が適切。「教示」は、知識などを教えること。１「ご教示になりたく」は、自分が「教示してもらう」ことに「教示する」の尊敬語「ご教示になる」を用いていて不適切。２「ご教示されたく」は、謙譲表現「ご〜する」に助動詞「れる」を付けた形で、教示されることが自分にとってありがたいことだという気持ちが表されておらず、不適切。

四　自分がリーダーを引き受けることを、謙譲表現「お〜いたす」を用いて言っている、３「お引き受けいたします」が適切。１「お引き受けなさいます」は、自分の行為に尊敬表現「お〜なさる」を用いていて不適切。２「引き受けて差し上げます」は、「差し上げる」が恩着せがましい印象を与える言い方で、不適切。

五　客が購入したことを、尊敬語「される」を用いて言っている、２「購入された」が適切。１「ご購入いたされた」は、客の行為に謙譲表現「ご〜いたす」を用い、さらに尊敬の助動詞「れる」を付けた形で不適切。３「ご購入になられた」は、尊敬語「ご購入になる」に尊敬の助動詞「れる」を付けた過剰敬語で、不適切。

問２［敬語］

解答　一…３　二…２　三…１　四…３　五…３

解答のポイント　手紙やメールなどの文章、改まった場面などで使う言葉を扱った問題である。

一　一つの事柄にだけ集中することをいう、３「専一」を用いて、「ご自愛専一のほど」が慣用的な表現であり、適切。敬意の対象である教授に対して、自分の体を大事にすることを第一に考えてくださいということを丁寧に言う表現である。１「専有」は、ひとり占めにすること。２「専念」は、心を一つのことに集中して取り組むこと。１と２が「ご自愛」と結び付いて、上記のような意味を表すことは一般にない。

二　手紙文で、相手方の繁栄などを祝う挨拶の言葉として用いられるのは、２の「清栄」である。１の「健勝」は、個人の健康を祝う挨拶として用いられる言葉で、企業に対する挨拶として用いられることは一般にない。３の「高配」は、相手の自分に対する配慮を敬っていう言葉で、不適切。

三　手紙文の結びで自分の字や文章を謙遜して述べる際に、「乱筆乱文お許しください」の形でよく用いられるので、１「乱筆」が適切。「乱筆」は、乱雑な筆跡のこと。２「乱雑」は、整っておらず、散らかった状態のこと。３「乱調」は、調子が乱れること。２と３が「乱文」と結び付いて、自分の文章を謙遜する意味を表すことはない。

四　大役を与えられたときなどに、謙遜の意を込めて、「僭越《せんえつ》ながら～します」などの形で用いるので、３「僭越（ながら）」が適切。「僭越」は、立場を越えて出すぎたことをする様子。１「恐悦」は、相手の好意を、自分にはもったいないと思いつつ喜ぶこと。２「減相」は、多く「減相もない」の形で、相手の言葉を強く否定する際に用いられる。1と2が「〜ながら」の形で用いられることは一般になく、いずれも不適切。

五　3の「多用」は、用事が多いこと、また、忙しいこと。相手に依頼したり礼を言ったりする際に、相手の状況に配慮して用いる言葉で、これが適切。1の「性急」は、せっかちで、状況をよく見きわめてから行動に移るだけのゆとりがない様子で、不適切。2の「焦心」は、あせりを感じることで、不適切。

問3 【文法】

解答　一…2　二…1　三…1　四…2　五…1

解答のポイント　動詞の可能表現と使役表現の形式など、言葉の決まりに則した語句の用い方について問う問題である。

自立語には、ほかの語と接続する際に語形が変化（活用）する動詞や形容詞などの「用言」と、常に語形が変化（活用）しない名詞や連体詞などがあるので、混同しないように注意が必要である。用言の活用には決まりがあり、後に続く語によって異なる形をとる。

可能表現は、五段活用動詞では「書く→書ける」「読む→読める」のように下一段活用の可能動詞を用い、上一段・下一段活用動詞では「見られる」「出られる」のように「未然形＋られる」、カ行変格活用動詞の「くる（来る）」は「こられる」、サ行変格活用動詞の「する」は「できる」を用いるのが規範的である。

使役表現は、五段活用動詞では「未然形＋せる」、上一段・下一段活用動詞では「未然形＋させる」、「くる（来る）」は「こさせる」、「する」は「させる」を用いる。

近年、「見られる」「食べられる」を「見れる」「食べれる」とし、「来られる」を「来れる」と言う「ら抜き言葉」がかなり広まってきている。また、「出せる」を「出せれる」と言う「れ足す言葉」、さらに「読ませる」を「読まさせる」とする「さ入れ言葉」もある程度広まっているが、いずれも現在は規範的な言い方としては認められていない。

一 「買う」は五段活用動詞であり、使役表現は未然形「買わ」に「せる」を付ける。したがって、2「買わせる」が適切。1「買わさせる」は、さ入れ言葉で不適切。

二 「変える」は下一段活用動詞であり、可能表現は未然形「変え」に「られる」を付ける。したがって、1「変えられる」が適切。2「変えれる」は、ら抜き言葉で不適切。

三 「支払う」は五段活用動詞であり、可能表現は可能動詞「支払える」を用いる。したがって、1「支払える」が適切。2「支払えれる」は、れ足す言葉で不適切。

四 「痛々しい」は形容詞であり、助詞「て」に接続する場合は、連用形「痛々しく」を用いる。したがって、2「痛々しくて」が適切。形容詞に「〜いく」という活用形はないので、1「痛々しいくて」は不適切。

五　「空回り」は名詞であり、動詞として用いる場合は、サ変動詞「する」を付ける。したがって、**1**「空回りして」が適切。**2**の「空回る」という動詞はないので不適切。

問4　［敬語／文法］

解答　ア…3　イ…2　ウ…1　エ…3　オ…1　カ…2

解答のポイント　**学習塾の受付係と保護者とのやりとりを扱った問題である。**

ア　受付係にとって自分側の人間（身内）である大川先生が休みを取っていることを、尊敬語を用いずに言っている、**3**「取って（おります）」が適切。**1**「いただいて（おります）」は、謙譲語Ⅰの「いただく」を用いているが、木下さんが大川先生に休みを与えたわけではないので、不適切。**2**「取られて（おります）」は、尊敬の助動詞「れる」を用いていて、不適切。

イ　生徒の保護者である木下さんがどうしたのかということを、尊敬語「される」を用いて言っている、**2**「され（ましたか）」が適切。**1**「いたし（ましたか）」は、木下さんの行為に謙譲語「いたす」を用いていて不適切。**3**「なさられ（ましたか）」は、尊敬語「なさる」に尊敬の助動詞「れる」を付けた過剰敬語で、不適切。

ウ　自分が考えを聞くことを、謙譲語「伺う」を用いて言っている、1「伺い（たかった）」が適切。2「聞き（たかった）」は、相手への敬意が表されておらず、不適切。3「お尋ねになり（たかった）」は、自分の行為に尊敬表現「お～になる」を用いていて不適切。

エ　生徒の保護者である木下さんの話に返答する場面であるので、相手の言うことを肯定する気持ちを表す「そうでしたか」の丁寧な言い方である、3「さようでございましたか」が適切。1の「了解」は、物事の内容や事情を理解し、納得することを表す言葉、2の「なるほど」は、「確かに、そのとおりだ」という気持ちを表す言葉だが、いずれも俗な表現であり、生徒の保護者に対する物言いとしては丁寧さを欠いていて、不適切。

オ　塾から木下さんに連絡することを、謙譲表現「ご～する」の可能形「ご～できる」を用いて言っている、1「ご連絡できる」が適切。2「ご連絡になれる」は、自分の行為に尊敬表現「ご～になれる」を用いていて、不適切。3「ご連絡いただける」は、謙譲語Ⅰであり、身内である大川先生に対する敬意表現となるので、不適切。

カ　「持つ」は五段活用動詞であり、可能表現は可能動詞「持てる」を用いる。したがって、2「持てれば（いい）」が適切。1「持てれれば（いい）」は、れ足す言葉である「持てれる」を用いた形で、不適切。3「持てられれば（いい）」は、「持てる」に「られる」を付けた形で、不適切。

問5 ［文法］

解答　1　4

解答のポイント　表現内容を意図したとおりに正確に伝えるためには、多様な解釈の生じる余地がないようにすることが望まれる。特に、文中の構成要素間の修飾・被修飾の関係が一義的にしかとらえられないようにしたい。多様な解釈を排除する方法として、文脈を明確にするための適切な語句を補ったり、語順や読点の打ち方に留意したりすることが挙げられる。

1　「鈴木さんほど早く振り付けを」は一通りの解釈に限られ、「私は（それを）覚えることができない」という関係であることを表している文であるので、多様な解釈は生じない。

2　「いつものように」のかかる先が、「（窓際の席に）座って」なのか、「（窓際の席に座って紅茶を）注文した」なのかなど、多様な解釈が成り立つ。

3　「幼い娘」が「三輪車に乗って走る友達」を追いかけているのか、三輪車に乗った「幼い娘」が「走る友達」を追いかけているのか、二通りの解釈が成り立つ。

4　「音楽が好きな兄」が「加藤さんと一緒に文化祭で軽音楽のライブを行う」ことを、話し手である自分が伝え聞いたという解釈に限られる。

5　「きれい」なのは「金髪」なのか「女性」なのか、二通りの解釈が成り立つ。

問6 ［語彙］

解答 一…3　二…1　三…3　四…1　五…2　六…2

解答のポイント 類義語と対義語についての問題である。個々の語の意味・用法をよく考えて、適切なものを選ぶようにしたい。

一 「漂泊」は、あてもなくさまよい歩くこと。住むところを定めず、さまよい歩くことをいう、3「流浪」が類義語。1「流罪」は、罪人を遠方の島などに追いやる刑罰。2「流布」は、その物事が世間に広まること。

二 「必至」は、そういう事態が訪れるのは避けられない様子。必ずそうなる、また、そうなるはずであることをいう、1「必然」が類義語。2「必須」は、どのような場合でもそれだけは欠かせない様子。3「必要」は、物事を行うのに無くてはならない様子。

三 「壮健」は、体も心も元気な様子。体がきわめて丈夫な様子をいう、3「頑健」が類義語。1「健在」は、その人が無事に暮らしている様子、また、それまでと変わりなく能力を発揮する様子。2「穏健」は、性格や思想などが極端でなく、しっかりしている様子。

四 「難解」は、文章や問題などが、むずかしくて理解しにくい様子。対義語は、たやすく理解できる様子をいう、1「平易」である。2「安易」は、見通しが甘く、いいかげんな様子。3「簡易」

は、面倒な手続きを必要とせず手軽にできる様子。

五 「異説」は、一般に認められているのとは違った説。対義語は、世間一般に広く認められている説をいう、2「通説」である。1「巷説《こうせつ》」は、世間に広まっているうわさ話。3「俗説」は、世間に広く知られてはいるが、根拠のはっきりしない説。

六 「顕在」は、物事がはっきりと形に表れて存在すること。対義語は、外には現れないが、内に目立たず存在することをいう、2「潜在」である。1「点在」は、あちこちに、点のように散らばってあること。3「内在」は、ある性質などが、そのものの内部に元からあること。

問7 【語彙】

解答 一…2 二…1 三…3 四…3

解答のポイント 【 】内に示されている二語の関係は次のようになる。

◎ある物事を表す言葉と、それに含まれる物事を表す言葉（上位語と下位語）
◎ある動作を表す言葉と、その動作の向かう先を表す言葉
◎「高」で始まる二字熟語と、その熟語の二字目が示す物事を表す言葉
◎ある物事を表す言葉と、それと同じグループに属する物事を表す言葉

一　「医科」の一種が「内科」なので、二語は上位語と下位語の関係である。同じ関係になっているのは2で、「感覚」の一種が「聴覚」である。1の「中国語」と「日本語」は、いずれも言語の一種。3の「主菜」と「副菜」は、いずれも副食物の一種。4の「警察官」は「公務員」の一種だが、順序が逆。1・3・4は、いずれも「医科 ── 内科」と同じ関係ではない。

二　「就航」は、「航路」に就くことなので、二語はある動作を表す言葉と、その動作の向かう先を表す言葉という関係である。同じ関係になっているのは1で、「登頂」は、山の「頂上」に登ること。2の「入域」は、その区域に入ること。「域外」は、ある区域の外側。3の「代弁」は、本人に代わって、その本人の意見や言葉を言うこと。「弁舌」は、相手を説得できるような話しぶり。4の「乗車」は、列車や自動車などに乗ること。「車道」は、車両が通行するための道路。2・3・4は、いずれも「就航 ── 航路」と同じ関係ではない。

三　「高温」は「温度」が高いことなので、二語は「高」で始まる二字熟語と、その熟語の二字目が示す物事を表す言葉という関係である。同じ関係になっているのは3で、「高価」は「価格」が高いこと。1の「高官」は、位の高い官職、また、その職にある人。「官庁」は、国の役所。2の「高評」は、評判が高いこと。「評論」は、物事について自身の意見を述べつつ解説すること。4の「高利」は、高い利子。「利権」は、大きな利益を伴う権利。1・2・4は、いずれも「高温 ── 温度」と同じ関係ではない。

四　「草書」と「行書」は、いずれも書体の一種なので、ある物事を表す言葉と、それと同じグループに属する物事を表す言葉という関係である。同じ関係になっているのは3で、「柔道」と「剣道」は、いずれも武道の一種。1の「落日」は、西の空に沈む夕日。「終日」は、朝から夜まで一日中の意を表す。2は、「惑星」の一つが「土星」であるという関係。4の「法令」は、法律と命令。「伝令」は、命令を伝えること。1・2・4は、いずれも「草書――行書」と同じ関係ではない。

問8 [言葉の意味]

解答 ア…1　イ…1　ウ…3　エ…3　オ…2

解答のポイント **会話の流れにふさわしい慣用表現などを考える問題である。**

ア　突然の恐ろしい知らせにとても驚いたということを言おうとしていると考えられるので、ひどく驚いてうろたえることをいう、「肝を潰す」を用いた、1「肝を潰した」が適切。2の「肩をすぼめる」は、寒さなどで身を縮めること。3の「気をのまれる」は、相手やその場の雰囲気に威圧されて、気持ちが萎縮すること。2と3は、いずれもこの文脈にはふさわしくない。

イ　気心の知れた仲であることを言おうとしていると考えられるので、遠慮したり気を遣ったりする必要がなく、心からうち解けることができる様子をいう、1「気が置けない」が適切。2「気が抜けない」は、油断しないで緊張している様子をいうので、この文脈にはふさわしくない。3「気が引けない」は、「気が引ける」の形で、身にやましさを感じてためらうことを表すが、「気が引けない」の形で用いられることは、一般にない。

ウ　もう後がないという状況でも落ち着いているということを言おうとしていると考えられるので、日ごろから冷静沈着で、非常事態に遭遇しても動じることなく落ち着いている様子をいう、3「泰然自若」が適切。1「自由闊達《かったつ》」は、心が広くのびやかで、何ものにも縛られることなく振る舞う様子。2「傍若無人」は、周囲に配慮せず好き勝手に振る舞う様子。1と2は、いずれもこの文脈にはふさわしくない。

エ　課題を挙げればきりがないということを言おうとしていると考えられるので、3「いとま」を入れて、いちいち数えあげることができないほど、その数が多い様子をいう、「枚挙にいとまがない」とするのが適切。1「かぎり」と2「きり」が、「枚挙に～がない」の形でそのような意味を表すことは一般になく、いずれも不適切。

オ　心配事があって練習に集中できていないのではないかということを言おうとしていると考えられるので、物事に集中して取り組む様子をいう、「身が入る」を用いた、2「身が入らない」が適切。1の「足がつく」は、逃亡したり隠れたりしていた者の行き先が判明すること。3「手が回らない」は、ほかのことに対処するのに精いっぱいで、そのことに十分な時間や労力を割けない様子。1と3は、いずれもこの文脈にはふさわしくない。

問9 ［言葉の意味］

解答　一…2　二…1　三…2　四…3

解答のポイント　同じ漢字が含まれている熟語の使い分けの問題である。意味のうえで共通するところがあるので、文意に沿った適切な言葉を選ぶことが必要となる。

一　その仕事において経験を十分に積んで、優れた技術を持っていることをいう、2「熟練」が適切。1「熟慮」は、時間をかけて、さまざまな角度から考えてみること。3「熟成」は、十分に時間をかけてできあがること。1と3は、いずれもこの文脈にはふさわしくない。

二　胸がすくように気持ちよく感じる様子をいう、1「痛快」が適切。2「痛烈」は、攻め立て方などが非常に手厳しい様子。3「痛切」は、自分のこととして強く身にしみて感じる様子。2と3は、いずれもこの文脈にはふさわしくない。

三　表面的にはとらえがたい、その時々によって異なる心の動きのことをいう、2「機微《きび》」が適切。1「微意」は、自分の気持ちや志をいう謙譲語。「微意をおくみください」などの形で用いられる。3「微小」は、視認するのが困難なほど小さかったり細かかったりする様子。1と3は、いずれもこの文脈にはふさわしくない。

四　才知に優れ、大事業を成した人物をいう、3「英傑」が適切。1「傑出」は、多くの中で飛び抜けて優れていることをいうが、「江戸時代屈指の傑出」のように、名詞として用いることは一般にない。２「傑作」は、優れた立派な作品をいい、この文脈にはふさわしくない。

問10 ［言葉の意味］

解答 一…1　二…3　三…2

解答のポイント 日常よく耳にしたり、また、実際に使ったりしていながら、意味を取り違えやすい言葉を扱った問題である。言葉の正しい意味を理解し、間違った使い方やほかの言葉と混同した使い方をしないようにしたい。

一 「にわかに」は、何かに接してその反応がすぐに起こる様子。すぐには信じることができないと言っている、1が適切。2は、「徐々に」などとするのが適切な文。3は、「ねんごろに」などとするのが適切な文。

二 「血道を上げる」は、色恋や道楽に夢中になり分別を失うこと。アイドルの応援に夢中になって分別を失っていることを言っている、3が適切。1は、「ふてくされ（て）」などとするのが適切な文。2は、「音を上げ（た）」などとするのが適切な文。

三 「年端《としは》も行かぬ」は、まだ幼い年頃である様子。わずか九歳の幼い身だということを言っている、

2が適切。1は、「明けやらぬ」などとするのが適切な文。3は、「日が浅い」などとするのが適切な文。

問11 [言葉の意味]

解答 一…1　二…2　三…3　四…1

解答のポイント 漢字には複数の意味を表すものがある。熟語の構成要素として用いられる個々の漢字の意味を的確に理解することは、語の意味の正しい理解のために大切なことである。

一 【破】…1「読破」の「破」は、最後までやりぬくという意味を表す。2「爆破」、3「破壊」、4「破損」の「破」は、こわす、また、こわれるという意味を表す。

二 【声】…2「名声」の「声」は、評判という意味を表す。1「発声」、3「奇声」、4「音声」の「声」は、人などが出すこえという意味を表す。

三 【反】…3「反応」の「反」は、はねかえる、また、はねかえすという意味を表す。1「反逆」、2「反旗」、4「反抗」の「反」は、そむくという意味を表す。

四 【固】…1「固定」の「固」は、かたまって動かないという意味を表す。2「固守」、3「固辞」、4「固執」の「固」は、かたくなに押し通すという意味を表す。

問12 ［表記］

解答 ア…×　イ…○　ウ…○　エ…×　オ…×　カ…×　キ…○　ク…×
ケ…○　コ…○　サ…×　シ…×　ス…○　セ…○　ソ…○　タ…×
チ…○　ツ…×

解答のポイント 漢字の使い分け・送り仮名・仮名遣いの誤りが含まれている。送り仮名については、「常用漢字表」（内閣告示　平成二十二年）および「送り仮名の付け方」（内閣告示　平成二十二年）を、仮名遣いについては、「現代仮名遣い」（内閣告示　平成二十二年）を基準としている。

ア　消像…ある人物の姿を表現した絵画や写真などのことで、「肖像」が適切な表記。
イ　散策…適切な表記。
ウ　晩年…適切な表記。
エ　際現…一度は消えて無くなったものを、同じような状態で現出させることで、「再現」が適切な表記。
オ　積み重さなった…活用のある語は活用語尾から送るのが原則であるが、「重なる」「終わる」「定まる」などの語は、傍線部のように送るのが決まりである。
カ　思作…物事の道理や意味などを深く考えることで、「思索」が適切な表記。

キ　**舞台**…適切な表記。
ク　**清寂**…静かでものさびしいことで、「静寂」が適切な表記。
ケ　**包まれた**…適切な表記。
コ　**一興**…適切な表記。
サ　**ほうばる**…口いっぱいに物を詰め込むことで、「ほおばる」が適切な仮名遣い。
シ　**流学先**…ある期間とどまって勉強するために赴く場所のことで、「留学先」が適切な表記。
ス　**帰国**…適切な表記。
セ　**塀**…適切な表記。
ソ　**逸話**…適切な表記。
タ　**夢下に**…冷淡な態度で事にあたる様子で、「無下に」が適切な表記。
チ　**ひざまずいて**…適切な表記。
ツ　**不生出**…めったに世に現れないほど優れている様子で、「不世出」が適切な表記。

問13 ［表記］

解答　一…得意　二…公衆　三…進行　四…受容　五…会心

解答のポイント　**パソコンなどでの入力では、手書きでは考えられないような誤りが生じることがあ**

る。特に、同じ読み方をする言葉に注意が必要である。

一 「得意」が適切な表記。自分の思いどおりになって満足している様子。「特異」は、他と比べて際立っている様子。

二 「公衆」が適切な表記。世間一般の人々のこと。「口臭」は、口から漂う嫌なにおいのこと。

三 「進行」が適切な表記。物事がある方面へすすんでいくこと。「進講」は、高貴な人に対して講義すること。

四 「受容」が適切な表記。反発することなく受け入れること。「需要」は、商品などに対する、何らかの手段で自分のものにしたいという欲求、また、それを数量化したもの。

五 「会心」が適切な表記。思いどおりの結果が得られて満足すること。「改新」は、それまでの規則や制度をあたらしいものに変えること。

問14 【漢字】

解答 一…立　二…朝　三…長　四…割　五…玉

解答のポイント アとイに共通する漢字一字を書いて、慣用句やことわざ、四字熟語を完成させる問題である。

一 立て板に水…よどみなく、すらすらと話す様子。
立身出世…社会的に認められる地位につき、名声を得ること。

二 一日の計は朝にあり、一年の計は元旦にあり…まず、最初にしっかり計画を立てて、それを実行に移すべきだというたとえ。
朝令暮改…方針などが絶えず変わって定まらないこと。

三 気が長い…物事への対応などがのんびりしている様子。
不老長寿…いつまでも老いることなく、長生きすること。

四 割を食う…不利な立場に立たされ、損をすること。
群雄割拠…多くの実力者が、互いに対抗して競い合うこと。

五 玉にきず…それさえなければ完全であるのに、わずかばかりの欠点があること。
金科玉条…最も大切な規則や法律、また、強いよりどころとなるもの。

問15 [漢字]

解答 一 ア…2 イ…3 二 ア…1 イ…2 三 ア…2 イ…1
四 ア…1 イ…3 五 ア…2 イ…1

解答のポイント 同音の漢字の使い分けに関する問題である。

一　アは、2を用いた「名案」で、すばらしい思いつきのこと。イは、「迷」を入れて、進むべき方向を見失って、どこへ行くのか分からない状態にあることをいう、「迷走」となるので、適切なものがない。

二　アは、1を用いた「貪欲」で、飽くことなく、どこまでも欲望の充足を追い求める様子。イは、2を用いた「鈍感」で、感覚や反応などがにぶい様子。

三　アは、2を用いた「不文律」で、正式な文章の形では示されていないものの、その集団の一員であればみな、守らなければならないと心のうちで理解している決まりのこと。イは、1を用いた「能率」で、仕事のはかどり具合のこと。

四　アは、1を用いた「怒号」で、怒りのこもったどなり声のこと。イは、「度」を入れて、普通考慮すべきことを、問題としないことをいう、「度外視」となるので、適切なものがない。

五　アは、2を用いた「邪険」で、相手の気持ちをくみ取ろうとせずに、意地の悪い扱いをする様子。イは、1を用いた「真剣」で、まじめに全力で何かに取り組む様子。

問16 【総合問題】

解答　一…随時　二　A…3　B…2　三…2　四…1

解答のポイント　「孤独を感じること」について、資料を基に考察した文章を題材にした問題である。

資料から読み取れることや資料に基づいて考えたことを、どう表現するのが適切であるかが主な問いの内容である。文章と資料を関連付けて読み取る力とともに、筆者の立場から、どのように表現することが適切かを考える力が必要になる。

一　前もって日時などを決めず、必要に応じて何かをする様子で、「随時」と書く。

二　Aを含む文の直前には、孤独感がある人の割合は二十代や三十代の若い世代で高いという調査結果が示されており、Aを含む文では、その事実が予想と異なっていたということが述べられている。したがって、Aは、3「孤独感とは無縁である」が適切。第四段落では、冒頭のBを含む文を受け、「思えば、私にも悩みを相談できる相手がいない」と述べられている。また、「困ったときに頼りにできる間柄の者」がいないことが、孤独感を深める原因になっているのではないかという考察のもと、第五段落で「誰にも言えない悩み」を相談する先として公的な窓口を紹介し、「『（　B　）』と感じる人がいない社会になること」を願うと結んでいる。これらのことから、Bには、困ったときに頼りにできる間柄の者がおらず、誰にも言えない悩みを抱えている状況を表す言い方が入ると考えられる。したがって、Bは、2「悩みなどを相談する相手がいない」が適切。

三　第二段落の前半では、図1の分析から、「SNSの利用頻度と孤独を感じることの間には関連がある」と考察されている。一方で、第二段落の末文では「他者と接する機会の多さだけが孤独感の有無を決めるわけではないという可能性も捨てきれない」とも述べられている。このことから、イを含む文では、ＳＮＳの利用が「全くない」という層で、孤独を感じることが「決してない」人の割合（二十二％）が予想に反して高かったということが述べられていると考えられる。したがって、**イ**は、**図１**における当該の割合を見ると、他の層に比べて明らかに高い数値であるとは言えない。

２「決して低くはない」が適切。

四 本文中において、**表１**は、「孤独をよく感じる人」と「孤独をあまり感じない人」とで、その出来事を経験したと答えた人の割合を比較し、大きな差がついた出来事に着目して論を進めるために用いられている。このことから、**表１**をグラフにする際は、その出来事を経験したと答えた、「孤独をよく感じる人」と「孤独をあまり感じない人」の割合が比較しやすい形式にすることが望ましいと考えられる。したがって、**１**「その出来事を経験したと答えた『孤独をよく感じる人』と『孤独をあまり感じない人』の割合を、並べて示した棒グラフ」が適切。**２**は、「経験したと答えた人の割合が高い出来事から順に」並べると、「孤独をよく感じる人」と「孤独をあまり感じない人」とで出来事の並び順が異なり、同一の出来事の割合を比較しにくくなるので、不適切。**３**は、「回答を合算」すると、「孤独をよく感じる人」と「孤独をあまり感じない人」の割合が比較できなくなるので、不適切。**４**は、グラフで示す割合をそれぞれ五つに絞ると、「孤独をよく感じる人」と「孤独をあまり感じない人」とで取り上げられる出来事が異なり、同一の出来事の割合の比較ができなくなるので、不適切。

問17 ［総合問題］

解答　一…2　二…4　三…1　四…3

解答のポイント　文章の的確な読み取り、文相互の論理的な関係の理解を通して、文脈に合った語句を選択するなどの問題である。文章全体の趣旨を理解するとともに、細部まで気を配って読むことが必要である。

一　アを含む文では、「時短」の観点では良いものだと評価されるレシピが、「タイパ」の観点で見ると、良いものだという評価にならない場合があることが述べられている。第二段落において、「タイパが良い」というのは「かけた時間に対して満足のいく成果が得られる」ことであると述べられていることから、アには、かけた時間に対して満足のいく成果が得られない場合を表す言い方が入ると考えられる。したがって、2「完成品が五分かけてでも作りたいと思えるものでなければ」が適切。1と3は、成果についての記述が含まれていないので不適切。4は、満足のいく成果が得られることを言っていて、文脈に合わず不適切。

二　「取捨選択する」は、必要なものや良いものを選び出し、不要なものや悪いものを捨てること。似た意味を表す言葉は、数多くのものから良いものを選び出すことをいう、4「ふるいにかける」である。1「しのぎをけずる」は、互いに負けまいと激しく争うこと。2「かまをかける」は、相手から知りたい情報を引き出すために、言葉巧みに話を誘導すること。3「けりをつける」は、懸案であった物事に決着をつけること。

三 **ウ**を含む文では、「情報を評価し、取捨選択する」際の「評価の軸」が、**ウ**なのだろうと推察されている。「軸」は、座標を定める際の基準となる直線のことで、評価する際の「基準」を比喩的に表現していると考えられる。第三段落において、「タイパ」は「費やした時間に対して成果が十分か」という観点で物事を評価する考え方であると述べられている。このことから、「タイパ」が良いか悪いかを評価する際の基準は、「時間」と「成果」であると考えられる。したがって、**ウ**は、「『時間』と『成果』」が適切。**エ**を含む文では、物事の醍醐味《だいごみ》を味わえる取り組み方について述べられている。第五段落に「自身の純粋な興味関心によって……それはそれで読書を楽しんだと言えるはずだ。」とあることから、筆者は、「タイパ」を考えずに取り組んだ結果、得られるものが少なかったとしても、先入観なしに読む楽しみがあったはずだ、と考えていることが分かる。したがって、**エ**は、損失や利得を考えないことをいう、「損得抜き」が適切。**ウ**・**エ**の組み合わせとして適切なものは、1である。

四 第五段落では、世間の評判を確認せずに本を読むことについて、「『タイパが悪いので良くない方法だ』と切り捨てることは、私にはできない」という筆者の考えが述べられている。続く第六段落で、「あらゆる物事を『タイパ』だけで判断してしまうのはもったいない」と述べられていることから、第五段落は、この意見を述べるために書かれたものであると考えられる。したがって、3

「『タイパ』だけで物事を判断することに否定的な自身の意見を述べるため。」が適切。**1**は、筆者は無意識のうちに「タイパ」を基にした判断をしていることに危機感をいだいているのではなく、あらゆる物事を「タイパ」だけで判断することに対して疑義をいだいているので、不適切。**2**は、第五段落が、「タイパ」という考え方が生活を充実させうることを強調するような内容ではないので、不適切。**4**は、第五段落で取り上げられているエピソードは、時間に対する人々の意識の変化について述べたものではないので、不適切。

検定問題

令和5(2023)年度 第2回
日本語検定
3級

受検上の注意

1. 問題用紙は、検定監督者の指示があってから開いてください。
2. 乱丁や著しいよごれがある場合は交換しますので、直ちに検定監督者に申し出てください。
3. 答案用紙に、受検番号と氏名が書いてある受検者番号シールを貼り付けてください。
(「受検者番号シール貼り付け欄」に貼り付けてください。)
4. 問題内容についての質問には答えられません。
5. 途中退場する場合は挙手をして、検定監督者に申し出てください。

●**検定実施:2023年11月11日**
●**受検時間:60分**

特定非営利活動法人
日本語検定委員会

問1

【　　】のような場面で、それぞれの（　　）部分はどのような言い方をすればよいでしょうか。最も適切なものを選んで、番号で答えてください。

一　【演劇部の部員が、先輩に尋ねて】

明日の公演で使う小道具が見当たらないのですが、どこにあるか（　　）。

1　存じていらっしゃいませんか
2　存じ上げていませんか
3　ご存じありませんか

二　【植物の写真を撮るのが趣味の上役に】

○○公園の紅葉は今が見頃ですね。もう写真を（　　）ましたか。

1　お撮りになり
2　お撮りし
3　お撮りになられ

三

【昼食を共にした大学の先輩から、この後の予定を尋ねられて】

兄がけがで入院していますので、見舞いに（　　　　　　）と思っています。

1　行かれたい
2　伺いたい
3　参りたい

四

【取引先の会社の創立記念式典で、幹事に礼を述べて】

本日は（　　　　　　）いただき、ありがとうございます。

1　ご招待して
2　ご招待
3　ご招待されて

五

【上役から、おいしいラーメンを知らないかと尋ねられて】

母から（　　　　　　）のですが、○○駅前の中華料理店の中華そばが、とてもおいしいそうです。

1　聞いた
2　お聞きになった
3　お聞きした

問2

【　　　】のようなとき、それぞれの（　　　）に入る言い方として最も適切なものを選んで、番号で答えてください。

一　【世界有数の大企業のオーナーとの面談で、挨拶をして】
このたびは（　　　）がかない、たいへん光栄です。
［**1** お目通り　**2** お目付け　**3** お目こぼし］

二　【科学雑誌の編集に協力した研究者が、出版社に雑誌を受け取ったことをメールで伝えて】
本日、（　　　）を拝受しました。
［**1** 小誌　**2** 本誌　**3** 貴誌］

三　【転居したことを知人に知らせる手紙で】
近くにおいでの際は、ぜひ一度（　　　）にお立ち寄りください。
［**1** 自宅　**2** 尊宅　**3** 拙宅］

四　【公民館で行うイベントを告知するチラシで】
申し込みが定員を超えた場合は、抽選となります。（　　　）ご了承ください。
［**1** 謹んで　**2** あしからず　**3** ひきもきらず］

五　【川野家に下宿している山田さんに送る手紙の宛名に】
川野（　　　）山田弘樹様
［**1** 方　**2** 様方　**3** 御中］

問3

一～五のようなことを言うとき、（　　）の部分はどちらの言い方が適切でしょうか。適切なほうを選んで、番号で答えてください。

一　知人の主催するパーティーにひいきのスポーツ選手が来ていたが、緊張して（**1** 話しかけれ　**2** 話しかけられ）なかった。

二　家族で焼き肉店に行くと、兄はいつも私に肉を（**1** 焼かせて　**2** 焼かさせて）、自分はのんびりと食べている。

三　苦手だった英語のリスニングだが、英会話教室に通って特訓を重ねたら、難なく（**1** 聞き取れれる　**2** 聞き取れる）ようになった。

四　人工知能がオペレーターに（**1** 成り代わりして　**2** 成り代わって）客からの問い合わせに対応するなんて、すごい時代になったものだ。

五　息子たちが私の誕生日会をこっそり計画していることには気づいていたが、当日まで（**1** 素知らぬ　**2** 素知らない）ふりをしていた。

問4

次の会話は、和食店の店員と大学生の野田さんの間の、電話でのやりとりです。**ア**〜**カ**に当てはまる言い方として最も適切なものを選んで、番号で答えてください。

【店員】お電話ありがとうございます。創作和食「やまのくに」です。

【野田】こんばんは。（　**ア**　）のですが、十二月九日の十八時に、二十人でお願いできますか。できれば、一部屋に全員が（　**イ**　）とありがたいです。

【店員】ただいま（　**ウ**　）。……お待たせいたしました。一番広い部屋が空いておりましたので、こちらの部屋をご用意いたします。ご注文のコースはお決まりでしょうか。

【野田】二時間飲み放題の、三千五百円のコースでお願いします。人数が減るかもしれないのですが、キャンセルはいつまで受け付けていただけますか。

【店員】三日前まででしたら変更可能です。それ以降にキャンセルされた場合は、キャンセル料金を（　**エ**　）のでお含みおきください。お客様の中に（　**オ**　）食材のある方はいらっしゃいますか。食材の変更を（　**カ**　）場合は、三日前までにご連絡ください。

ア……1 ご予約になりたい　2 ご予約したい　3 予約したい
イ……1 入られれる　2 入れる　3 入れれる
ウ……1 確認いたします　2 ご確認されます　3 確認します
エ……1 もらいます　2 申し受けます　3 頂戴されます
オ……1 召し上がれない　2 お召し上がりできない　3 いただけない
カ……1 希望する　2 ご希望になられる　3 希望なさる

問5

次の文の中で、文を構成する要素間の文法的、また意味的な関係から、文の表す意味が一通りの解釈に限られるものを**二つ**選び、番号で答えてください。

1　絵を描くことをなりわいとしている叔父の娘は毎朝写生に出かけている。

2　今年も早いものでもうすぐクリスマスツリーの立ち並ぶ季節になる。

3　客が来たので私は走り回る飼い犬を捕まえて素早く別室に移した。

4　愛猫《あいびょう》家《か》の間で話題の商店街にある洋菓子店では猫用のケーキも買えるそうだ。

5　私は一年前に山田さんが退職していたことを大野さんから聞いて知った。

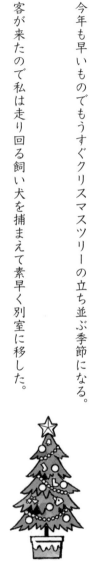

問6

【　　】の中の言葉に対して、**一**～**三**は意味の最も類似した語（類義語）を、**四**～**六**は対照的な意味を表す語（対義語）を選んで、番号で答えてください。

《類義語》

一　**【朗報】**　［**1** 特報　**2** 吉報　**3** 警報］

二　**【糸口】**　［**1** 端子　**2** 先端　**3** 端緒］

三　**【符合】**　［**1** 合致　**2** 合体　**3** 合算］

《対義語》

四　**【抑制】**　［**1** 漸進　**2** 促進　**3** 増進］

五　**【寛容】**　［**1** 厳密　**2** 厳格　**3** 厳重］

六　**【寡作】**　［**1** 傑作　**2** 駄作　**3** 多作］

問7

一～四のそれぞれについて、【　　】に記されている二つの言葉と意味のうえで同じ関係になる組み合わせを一つ選んで、番号で答えてください。

どちらの言葉が前で、どちらの言葉が後になっているかということにも注意してください。

一【大願―願望】

［**1** 大義―義務　**2** 大計―計画　**3** 大勝―勝敗　**4** 大言―言質《げんち》］

二【退官―官職】

［**1** 示談―談合　**2** 組閣―閣議　**3** 集金―金策　**4** 納税―税金］

三【形容詞―品詞】

［**1** 寺子屋―教育　**2** 風物詩―季節　**3** 歌舞伎―芸能　**4** 大御所―重鎮］

四【学校―教員】

［**1** 裁判所―判事　**2** 運転士―車掌　**3** 相撲―力士　**4** 文壇―作家］

問8

次の会話は、大学一年生の山本さんと石田さんの会話です。ア～オに当てはまる最も適切な言葉を選んで、番号で答えてください。

【山本】ビジネスアイディアのコンテストで最終選考に残ったって聞いたよ。この前起業サークルを立ち上げたと思ったら、今度はコンテストも勝ち進んで、すごいね。石田さんの（　**ア**　）とした未来が見えるようだよ。

【石田】ありがとう……。

【山本】元気がないね。どうしたの。

【石田】実は、父さんから反対されちゃって。話を聞いてほしいって頼んでも、聞こうともしてくれなくて、（　**イ**　）態度なんだ。私、このまま最終選考に進んでもいいのかな……。

【山本】なるほど、それで（　**ウ**　）いるんだ。お父さんの言葉だし、（　**エ**　）で適当にあしらうなんてできないもんね。

【石田】うん。でも、父さんもひどいと思わない？　ファイナリストに選ばれるなんて滅多にないことだし、このチャンスを逃したくないのに。

【山本】それなら（　**オ**　）、お父さんに認めてもらえるように頑張りなよ。

ア……	**1** 空前絶後	**2** 前途洋洋	**3** 清廉潔白
イ……	**1** けんもほろろの	**2** とりとめのない	**3** やぶれかぶれな
ウ……	**1** 腕を鳴らして	**2** 肩で息をして	**3** 尻込みして
エ……	**1** 柳に風	**2** 青菜に塩	**3** 売り言葉に買い言葉
オ……	**1** 図に乗ってないで	**2** 四の五の言ってないで	**3** 大見えを切ってないで

問9

一〜四のようなことを言うとき、（　　　）に入る言葉として最も適切なものを選んで、番号で答えてください。

一 高給だからというだけの理由で（　　　）に転職した弟は、今、新しい勤め先の業務の過酷さに打ちひしがれている。

［**1** 安直　**2** 実直　**3** 率直］

二 白田さんは先生の前でこそ（　　　）にしているが、普段は冗談ばかり言ってクラスの皆を笑わせている。

［**1** 珍妙　**2** 神妙　**3** 軽妙］

三 政府は、災害に見舞われたA国の復興のために、多額の支援金を（　　　）することを発表した。

［**1** 派出　**2** 放出　**3** 拠出］

四 体育祭当日、クラス全員で円陣を組んだら、これまでにないほど士気が（　　　）した。

［**1** 宣揚　**2** 高揚　**3** 掲揚］

問10

一〜三の【　】の中の言葉を最も適切に使っているのは、それぞれどの文でしょうか。番号で答えてください。

一【もろ手をあげる】

1 大学祭の出し物を決める会議で、私が考えていたのと同じ企画が候補に上ったので、もろ手をあげて賛成した。

2 将棋の腕には自信があったが、友人との対局で圧倒され、あまりの強さにもろ手をあげた。

3 業務上のミスで部署のメンバーに多大な迷惑をかけてしまったので、もろ手をあげて謝罪した。

二【まんじり】

1 彼はつかみ所がなくまんじりとした人で、その浮世離れした雰囲気が一部の社員から人気を集めている。

2 ゾウは手のひらに載るサイズだと思っていた幼い妹は、動物園で初めて本物のゾウを見て、まんじりと立ち尽くしていた。

3 大学入試の合否発表の前夜は、緊張と不安でまんじりともせず朝を迎えた。

三【札付き】

1 若い頃は札付きのワルであった彼が、今は弁護士として立派に働いている。

2 彼女は遠方から患者が訪ねてくるほどの名医で、手術の腕前は札付きだ。

3 上京するにあたり家賃の安いアパートを見学したが、幽霊が出るという札付きの物件だった。

問11

【　　】の漢字を使った**1**～**4**の言葉の中に、その漢字が、他の三つとは異なった意味で使われているものが一つあります。その言葉を番号で答えてください。

一【産】
［**1** 資産　**2** 生産　**3** 遺産　**4** 破産］

二【転】
［**1** 転落　**2** 転倒　**3** 移転　**4** 横転］

三【追】
［**1** 追加　**2** 追試　**3** 追記　**4** 追跡］

四【切】
［**1** 切実　**2** 切断　**3** 切開　**4** 切除］

問12

次の文章は、住宅メーカーに勤務する高山さんが書いた、社内報に載せるコラムの下書きですが、読み返してみると、漢字・送り仮名・仮名遣いなどについての誤りがいくつかありました。

ア〜ツの――部分の表記が適切である場合には ○ を、適切でない場合には × を解答欄に記入してください。

日本家屋のア特徴はいろいろあるが、私が一番好きなものは、縁側である。皆さんもよく知っているとおり、縁側は庭と室内との間に設けられた板敷きの部分である。私はこの場所で、夏はイ風鈴の音を聞きながら夕涼みをし、冬は日本酒を片手に雪見をしている。

私の実家の縁側は、和室と庭にウ狭まる形で設けられていた。この縁側にいると、庭先の色鮮やかな花、吹く風の温かさ、雨のにおい、カラスの鳴き声など、外の気配をエまぢかに感じられる。「縁はオ異なもの味なもの」の「縁」は、人と人との縁を指すが、縁側も「味なもの」と言って良いのではないかと思う。

谷崎潤一郎は『陰翳礼讃《いんえいらいさん》』で、西洋では部屋の闇をカ排徐し隅々まで明るくするのに対し、日本ではむしろ陰をキ貴調とする美意識があると述べている。たとえば椀《わん》などのク膝器は、ほの暗い空間の中でこそ美しさがケ発揮されるのであり、それは陰影と切れない関係にあることを指摘している。

縁側から、障子の枠の隙間や紙を通して光が入り、陰影を作る。代々コ相族されてきた私の実家も、今でこそサ電球の明かりが室内を煌々《こうこう》と照らしているが、明かりのシ乏しい時代には、まず闇のある空間であっただろう。祖先たちは、縁側によって闇を感じ、そこに味わいを見出していたのかもしれない。

屋根のない縁側の場合、板敷きが雨によるス浸食をセこおむることもあるが、一方で、ソ快的な室内温度を保つ効果があると言われる。タ個展的な日本家屋を建てることはそう多くはなくなったが、現代的な家屋の場合でも、趣と機能性をチ兼ね備なえる縁側を取り入れたデザインをツ提案したい。

問13

一～**五**には、パソコンなどで入力したときの変換ミスがそれぞれ一つあります。誤っている表記を含む言葉の正しい書き方を、**楷書**で解答欄に記入してください。（例：バスは定刻どおりに発射した。　解答●発車）

一　画家の父にとっては、自分の作品を大切にしてくれる人のいることが紙上の喜びなのだそうだ。

二　我が家では感染症の予防のため、定期的に窓を開けて喚起している。

三　論文中の引用部分を原文と称号したところ、多数の誤字が見つかった。

四　部長が定年を迎えるため、部員の中で勇姿を募って祝いの品を贈った。

五　世界的な卓球選手であった彼女は、体力の衰えを感じて、行進に道を譲ることを決めたそうだ。

問14

一～五それぞれのア・イの□に共通して入る適切な漢字一字を**楷書**で解答欄に記入してください。

一 ア 明日の大学祭で使う予定の資材が届かないと分かり、実行委員たちはどうしたら良いか、思案□げ首の体だった。

イ このワインバーのオーナー夫妻は、学生時代にアルバイト先で出会ってワインの話で意気□合し、仲を深めていったそうだよ。

二 ア 付き合いで見に行ったバレエの公演でその優美な世界にすっかり□を奪われてからは、寝ても覚めてもバレエのことばかり考えている。

イ 高校時代は勉強ばかりだったから、大学では□機一転、バンド活動でも始めてみようかな。

三 ア 昨日のプロ野球の開幕戦では、始球式に国民的人気俳優が登場して□を添えた。

イ 大学の同期生には後にスポーツや芸術などの分野で名を揚げた人が多くいて、今思えば、まさに百□繚乱《りょうらん》の代だった。

四 ア 彼女は前の部署では力を持て余している様子だったが、異動先の部署では所を□たように生き生きと働いているようだ。

イ 日課である早朝のジョギングは、早起きと運動の習慣が身について一挙両□だ。

五 ア 今日は飲まないと宣言した、その舌の□の乾かぬうちに、父は冷蔵庫からビールを取り出した。

イ 傷害罪で起訴された被告人は、事実無□だとして無罪を主張している。

問15

一〜五のア・イについて、（　　）に入る漢字として適切なものを、それぞれの【　　】から選んで、番号で答えてください。適切なものがないときは、3を選んでください。同じ番号を二回使ってもかまいません。

一【1 例　2 励　3（適切なものがない）】

ア　私の通った高校では、早朝の自主学習が（　　）行されていた。

イ　我が社のような（　　）細企業では、ボーナスの支給などとても望めそうにない。

二【1 憤　2 噴　3（適切なものがない）】

ア　義（　　）に駆られてそのような行動を起こしても、問題の解決にはならない。

イ　農業を営む父は、テレビの討論番組で農家を軽んじるような発言があったことに（　　）然としていた。

三　【1 裁　2 栽　3（適切なものがない）】

ア　入社後に配属された部署では、仕事の進め方が各自の（　　）量にゆだねられていたため、初めはとても戸惑った。

イ　気まぐれに自宅のキッチンで豆苗《とうみょう》を（　　）培してみたら、これが思いのほか楽しくて、家庭菜園に興味を持つようになった。

四　【1 懇　2 墾　3（適切なものがない）】

ア　彼とは、小学生のときからずっと（　　）意にしている。

イ　就職予定の会社から、採用内定者が集まる（　　）親会に招待された。

五　【1 割　2 轄　3（適切なものがない）】

ア　車を購入する際、代金を一（　　）で支払うのは難しかったので、ローンを組んだ。

イ　我が家は県境にあり、隣家とは所（　　）する自治体が異なるため、受けられる行政サービスには違いがある。

問16

次の文章は、「フェイクニュース」について、大学生の西村さんが資料を基に考えたことを書いたものです。これを読んで、後の質問に答えてください。一以外は番号で答えてください。

旅先でのことである。土産物店でその土地の銘菓を買い求めようとしたら、売り切れていた。店主に在庫が無いか尋ねると、「その菓子のアハンバイが中止されるというデマが流れてまとめて買い込む人が殺到したので、どの店でも品切れなんです。」との返事であった。デマがきっかけでこのようなことが起こることには驚かされたが、こういったデマを含むA「フェイクニュース」が社会に広がっていくのはなぜなのだろうか。

現代社会において、情報収集の中核を担うのはインターネットである。近年、このインターネット上に「フェイクニュース」（ここでは、自分が利益を得たり他人を騙《だま》したりすることを目的とした「偽情報」や、誤った情報である「デマ」などを指す）が氾濫《はんらん》していることが指摘されている。なかでもSNS（ソーシャルネットワーキングサービス）は、誰でも情報を発信できることなどから、「フェイクニュース」が生まれやすい環境にあるという。**図1**は、総務省によって行われた、20代以上の男女1000人に対して「各メディアについて、信頼できるかどうか」を尋ねた調査の結果をまとめたものである。「テレビ」「ラジオ」「新聞」で「信頼できる」を選んだ人の割合が50%を超える一方で、「SNS」は15%と、他のメディアと比べて低い。また、「信用できない」を選んだ人の割合は28%と、「掲示板やフォーラム」「動画投稿・共有サイト」「ブログ等その他のサイト」に次いで高い。SNS上の情報が（　**イ**　）ことは、公知の事柄であるようだ。

では、世間に「フェイクニュース」を流布させているのもSNSと考えて良いのだろうか。**図2**は、先の調査と同じ人たちを対象に、SNS上で発信されたある「フェイクニュース」に関して、その情報をどのメディアから入手したのか尋ねた調査の結果をまとめたものである。これを見ると、「テレビ」で情報を入手した人が58%と、圧倒的に多い。発端となった「SNS」は23%であるから、最も情報が（　**ウ**　）メディアはテレビなのかもしれない。SNS上の「フェイクニュース」をテレビが取り上げて報じたことで、一気に情報が広がっていったのだろう。

ここで、**図1**の内容に立ち返って考えたい。テレビは多くの人から「比較的信頼できるメディアだ」と考えられていることが分かったが、情報を拡散する力が大きいことに鑑みると、テレビが流す情報に強い信頼を置くことは（　**エ**　）なのではないだろうか。内容を厳しくチェックして発信するメディアでも、誤った情報が流れることはあるはずだ。そんなとき、情報の受け手にその真偽を確認する姿勢が欠けていれば、「フェイクニュース」は瞬く間に社会へと広がっていってしまうだろう。「フェイクニュース」が社会に広がっていくことの一因には、情報を鵜呑《うの》みにする受け手の存在もあるのかもしれない。「テレビで得た情報は全て正しい」と妄信するのではなく、情報源にあたったり複数のメディアを参照したりするなど、情報の確かさを検証する姿勢を持ちたい。

図１　各メディアについて、信頼できるかどうかを尋ねた結果（単位：％）

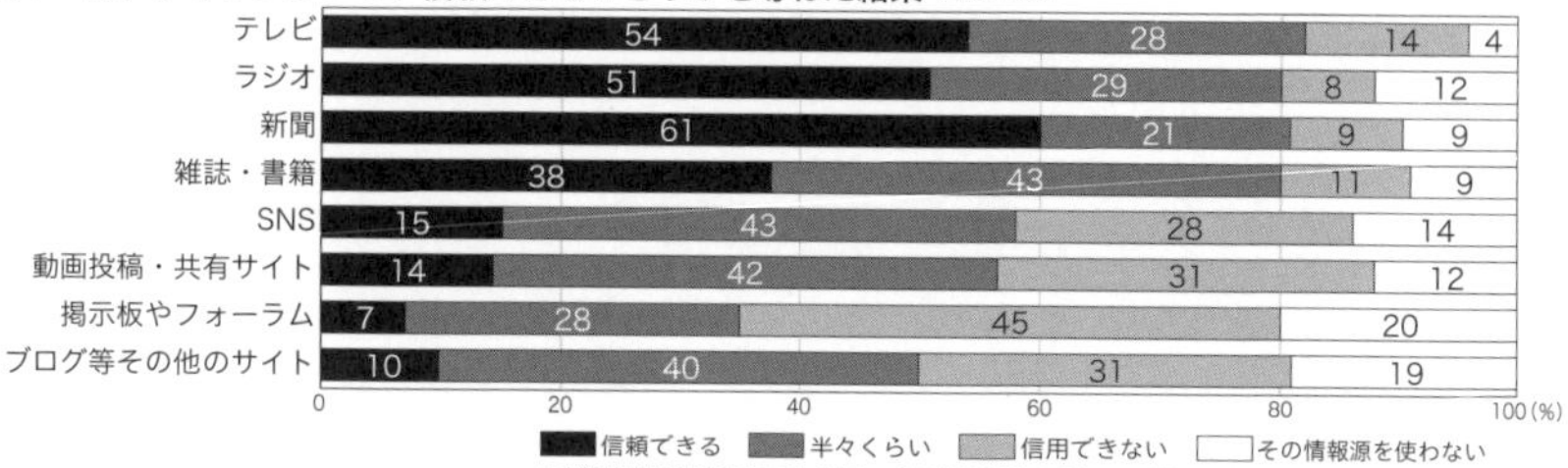

＊小数点以下を四捨五入しているため、合計が100％にならないことがある。また、項目の一部を省略している。

図２　そのフェイクニュースを入手したメディアについて尋ねた結果（単位：％）

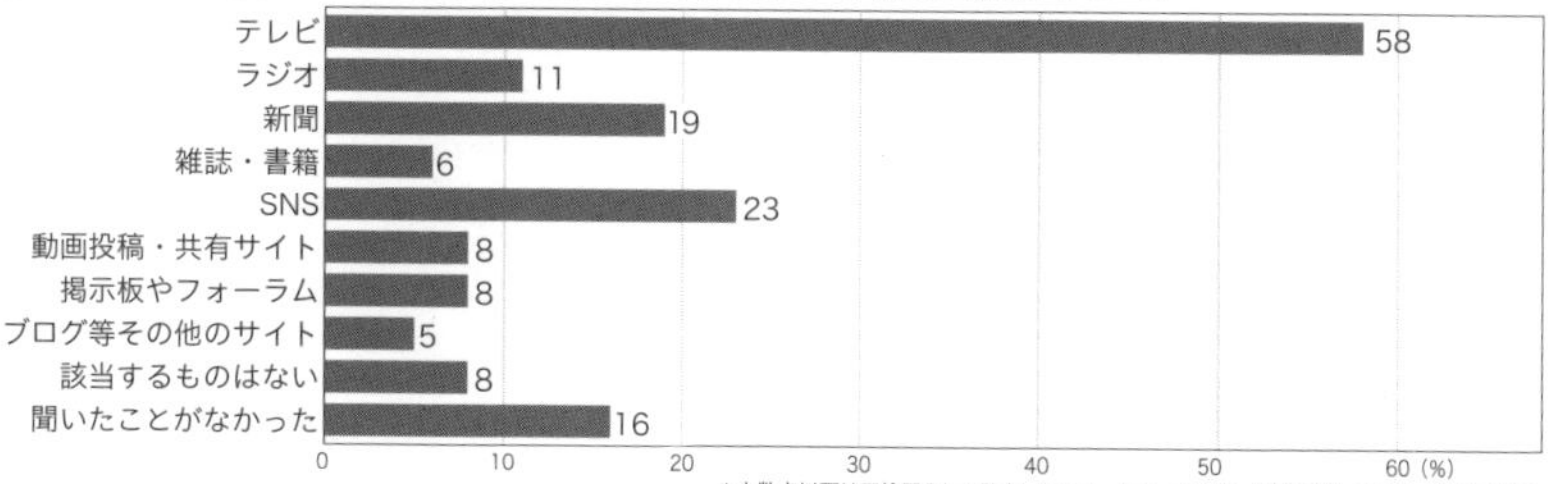

＊小数点以下は四捨五入して計上している。また、項目の一部を省略している。複数回答可。
出典：総務省『情報通信白書』「補論 コロナ禍における情報流通」（令和３年）を基に作成。

一　**ア**「ハンバイ」を**楷書**の漢字で書いてください。

二　**イ・ウ**に入る言い方として最も適切なものは、それぞれどれでしょうか。

1 偏っている　**2** 信頼できる　**3** 拡散されやすい　**4** 信ぴょう性に欠ける

三　**エ**に入る言い方として最も適切なものはどれでしょうか。

1 かえって危険　**2** 驚くべきこと　**3** 疑いようもないこと　**4** もっと称賛されるべき

四　傍線部**A**「『フェイクニュース』が社会に広がっていくのはなぜなのだろうか」に対する筆者の考えとして、最も適切なものはどれでしょうか。

1 SNSは「フェイクニュース」が生まれやすい環境にあり、情報を拡散する力も、テレビに次いで高いためではないかと考えている。
2 テレビで取り上げられた「フェイクニュース」を、正しい情報だと信じ込む人々がいるからかもしれないと考えている。
3 「フェイクニュース」が広がるのは、ひとえに情報の受け手がその真偽を確かめようとしないからだと考えている。
4 SNS上で生まれた「フェイクニュース」を、SNSのユーザーがその真偽を確かめずに拡散してしまうためだと考えている。

問17 大学生の宮本さんが自分の生活について考えたことを書いた次の文章を読んで、後の質問に番号で答えてください。

A

私の故郷はある地方のひなびた町である。そこから大学への進学を機に上京し、三年がたった。交通機関や商業施設が充実する都会での生活は、とても便利だ。生活に必要なものは近場で買えるし、遊ぶ場所もたくさんある。少し足をのばせば自然豊かな場所にだって行けるのだから、都会には何でもあるような気がしてくる。（　ア　）、不意に望郷の念に駆られることがある。郷里では味わえていた何かが、ここでの生活にはないような気がするのだ。それはいったい何なのだろう。

大学二年生の夏、たまには顔を見せてくれという両親からの連絡を受けて帰省した。実家に着いた日の夜は、地元でとれた魚介や野菜をふんだんに使った料理が食卓に並び、食べ進めるにつれて心が温まっていくのを感じた。とれたての新鮮な食材は本当においしい。ただそれだけでなく、この町で暮らす人々が育てた野菜や、漁に出てとった魚には、ここで暮らす人々の息づかいが感じられる。食を通じて地域とのつながりを感じ、心が満たされたのかもしれない。

翌日には、地元の神社で行われる夏祭りに参加した。それほど豪華なものではないが、地区ごとに神輿《みこし》が出て、大通りはたくさんの露店でにぎわう。明治時代から続いているという伝統ある祭りで、町の人たちが総出で準備をする一大行事だ。昨今は地方に衰退の波が押し寄せているが、この町もイご多分に漏れず、人口の流出に歯止めがかからない。しかし、少ない人手で準備した祭りを、人々は心ゆくまで楽しんでいる様子であった。地元に残っている幼なじみの一人は、「準備は大変だけれども、みんなでつくり上げた祭りだから楽しい。これからも続けていきたい。」と話していた。満足そうな友人の言葉に、（　ウ　）。上京する前は毎年祭りの準備に携わっていたが、町の人たちと関わり協力することで、地域との強い結びつきを感じられたものだ。

食べ物にしろ祭りにしろ、それを通じて（　エ　）で、充足感を得て心豊かに暮らしていけるのかもしれない。改めて考えると、私は今住んでいる町の産物を気にしたこともなければ、行事に参加したこともない。こうした地域への無関心が、今の私の生活に「物足りなさ」を感じさせる要因なのかもしれない。心豊かに日々の生活を送っていくためには、地域と関わり、周りの人々とつながることによって得られる心の充足こそが必要だったのだ。

先日投函《とうかん》されたチラシを見ると、来月、町内会が主催するイルミネーションイベントがあるらしい。まずはそこに出かけてみようか。私の求める生活には、まず地域に積極的に関わっていこうとすることが重要だろうから。

一　ア・ウに入る言い方の組み合わせとして最も適切なものはどれでしょうか。

1　ア…そうであっても　ウ…私も優越感にひたった
2　ア…しかしながら　ウ…私は心から共感した
3　ア…だからだろうか　ウ…私は疑問をいだいた
4　ア…それに加えて　ウ…私も妙に納得した

二　イ「ご多分に漏れず」と似た意味を表す言い方はどれでしょうか。一つ選んでください。

1　多かれ少なかれ　2　先行きが見えず　3　例外ではなく　4　同じではなく

三　エに入る言い方として最も適切なものはどれでしょうか。

1　地域の抱える課題に関心を持つこと　2　地域をもり立てていくこと
3　地域の文化を守り受け継ぐこと　4　地域との関わりを感じられること

四　空欄Aに書き出しの文を加える場合、本文の趣旨と照らして最も適切だと考えられるものはどれでしょうか。

1　地方の衰退は、どうしたら止められるのだろうか。
2　心豊かな暮らしには、何が必要なのだろうか。
3　私が故郷に求めていたものは、何だったのだろうか。
4　不便のない生活は、都会でしか送れないのだろうか。

第2回　問題

答案用紙

日本語検定

令和5（2023）年度　第2回

3級

注 意

1. 下の「受検者番号シール貼り付け欄」に、受検番号と氏名が書いてある受検者番号シールを貼り付けてください。
2. 答案用紙は裏面まで続いていますので、注意してください。
3. 読みやすい字で、枠からはみ出さないように記入してください。
4. 間違えたところは、消しゴムを使用して、きれいに消してから記入してください。

受検者番号シール貼り付け欄

受検者番号シールを
貼ってください。

特定非営利活動法人
日本語検定委員会

記入例

1

1・3

番号で答えるときは、このように算用数字で記入してください。

問1

一　二　三　四　五

問2

一　二　三　四　五

問3

一　二　三　四　五

問4

ア　イ　ウ　エ　オ　カ

問5

・

問6

一　二　三　四　五　六

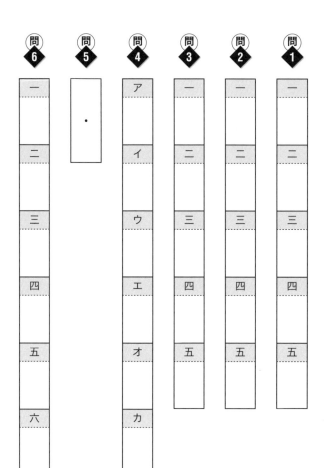

問7
一
二
三
四

問8
ア
イ
ウ
エ
オ

問9
一
二
三
四

問10
一
二
三

問11
一
二
三
四

問12
ア
イ
ウ
エ
オ
カ
キ
ク
ケ
コ
サ
シ
ス
セ
ソ
タ
チ
ツ

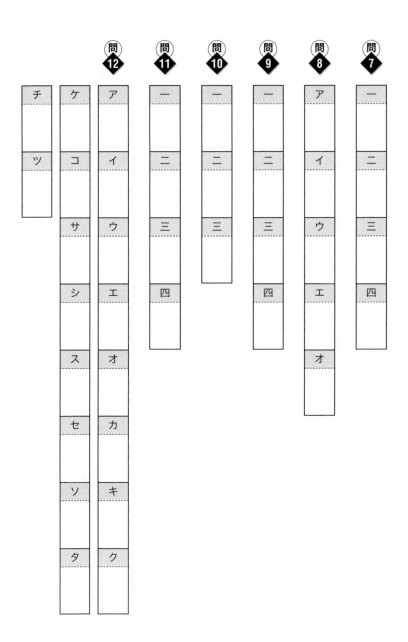

第2回　答案用紙

問13
一
二
三
四
五

問14
一
二
三
四
五

問15
一 ア イ
二 ア イ
三 ア イ
四 ア イ
五 ア イ

問16
一
二 イ ウ
三
四

問17
一
二
三
四

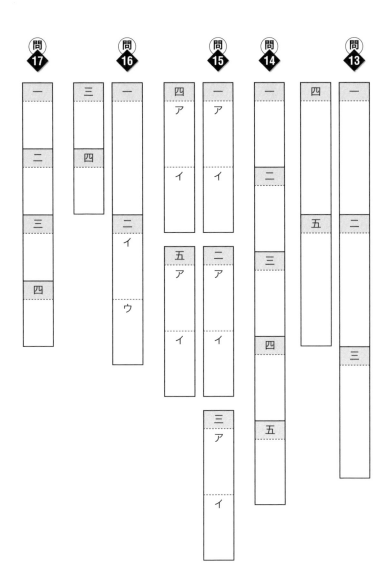

問1 ［敬語］

解答　一…3　二…1　三…3　四…2　五…1

解答のポイント　さまざまな場面における敬語や敬意表現の適切な使用に関する問題である。敬語は、尊敬表現と謙譲表現を適切に使い分ける必要がある。特に謙譲表現には、「お（ご）〜する」「申し上げる」のように、行為の向かう先の人物に対する敬意を表す謙譲語Ⅰと、「参る」「申す」のように、自分側の行為などを相手に対して丁重に述べる謙譲語Ⅱがあるので、注意したい。（「敬語の指針」平成十九年　文化審議会答申）

一　先輩が知っていることを、尊敬語「ご存じ」を用いて言っている、3「ご存じありませんか」が適切。1「存じていらっしゃいませんか」は、謙譲語「存ずる」を用いていて、2「存じ上げていませんか」は、謙譲語「存じ上げる」を用いていて、いずれも不適切。

二　上役が写真を撮ることを、尊敬表現「お〜になる」を用いて言っている、1「お撮りになり（ましたか）」が適切。2「お撮りし（ましたか）」は、上役の行為に謙譲表現「お〜する」を用いていて不適切。3「お撮りになられ（ましたか）」は、尊敬語「お撮りになる」に尊敬の助動詞「れる」を付けた過剰敬語で、不適切。

三　自分が身内である兄の見舞いに行くことを、謙譲語「参る」を用いて言っている、3「参りたい」が適切。1「行かれたい」は、「行く」に尊敬の助動詞「れる」を付けた形で不適切。2の「伺う」は、行為の向かう先の人物に対する敬意を表す謙譲語であり、兄に対して敬意を払うことになるので不適切。

四　幹事に招待してもらったことを、謙譲表現「ご～いただく」を用いて言っている、2「ご招待（いただき）」が適切。1「ご招待して（いただき）」は、幹事の行為に謙譲表現「ご～する」を用いていて不適切。3「ご招待されて（いただき）」は、幹事の行為に謙譲語「ご招待する」を用い、それに「れる」を付けた形で不適切。

五　身内である母から自分が聞いたことを、尊敬語や謙譲語を用いずに言っている、1「聞いた」が適切。2「お聞きになった」は、尊敬表現「お～になる」を用いていて不適切。3の「お聞きする」は、行為の向かう先の人物に対する敬意を表す謙譲語であり、母に対して敬意を払うことになるので不適切。

問2 【敬語】

解答　一…1　二…3　三…3　四…2　五…2

解答のポイント　手紙やメールなどの文章、改まった場面などで使う言葉を扱った問題である。

一　身分の高い人に会うことを表す言葉である「目通り」を用いた、１「お目通り」が適切。２の「目付け」は、監視すること、また、その人のこと。３の「目こぼし」は、相手の間違いをとがめないで、わざと見逃すこと。２と３は、いずれも文意に合わず不適切。

二　相手側の雑誌をいう尊敬語である、３「貴誌」が適切。１「小誌」は、自分側の雑誌をいう謙譲語で不適切。２「本誌」は、誌面で「この雑誌」という場合に用いられる言葉で不適切。

三　自分の家を表す謙譲語である、３「拙宅」が適切。１「自宅」は、自分の家のことであるが、一般に「私の家へ来てください」ということを述べる際には用いられず、不適切。２「尊宅」は、相手の家を表す尊敬語で不適切。

四　当方のやむを得ない事情をくみとってもらって、という気持ちを込めて、どうか悪く思わないでほしいという意を表す、２「あしからず」が適切。１「謹んで」は、相手に敬意を表して、謙虚な気持ちで物事を行う意を表す言葉で、相手の行為に用いるのは不適切。３「ひきもきらず」は、対応すべき事が次から次へと続いて途切れる気配がない様子を表す言葉で、次に「ご了承ください」を続けても意味をなさず不適切。

五　寄宿している人に宛てて手紙などを出す際に、寄宿先の名前に付けて、「送付先の家の誰それ」ということを示す、２「様方」が適切。１「方」は、寄宿している人が自分の住所を記す際に、寄宿先の名前に付けて用いる語で不適切。３「御中」は、会社や団体など、個人宛てではない郵便物やメールなどを出す際に宛名に付ける語で不適切。

問3 〔文法〕

解答 一…2　二…1　三…2　四…2　五…1

解答のポイント 動詞の可能表現と使役表現の形式など、言葉の決まりに則した語句の用い方について問う問題である。

自立語には、ほかの語と接続する際に語形が変化（活用）する動詞や形容詞などの「用言」と、常に語形が変化（活用）しない名詞や連体詞などがあるので、混同しないように注意が必要である。用言の活用には決まりがあり、後に続く語によって異なる形をとる。

可能表現は、五段活用動詞では「書く→書ける」「読む→読める」のように下一段活用の可能動詞を用い、上一段・下一段活用動詞では「見られる」「出られる」のように「未然形＋られる」、カ行変格活用動詞の「くる（来る）」は「こられる」、サ行変格活用動詞の「する」は「できる」を用いるのが規範的である。

使役表現は、五段活用動詞では「未然形＋せる」、上一段・下一段活用動詞では「未然形＋させる」、「くる（来る）」は「こさせる」、「する」は「させる」を用いる。

近年、「見られる」「食べられる」を「見れる」「食べれる」とし、「来られる」を「来れる」と言う「ら抜き言葉」がかなり広まってきている。また、「出せる」を「出せれる」と言う「れ足す言葉」、さらに「読ませる」を「読まさせる」とする「さ入れ言葉」もある程度広まっているが、いずれも現在は規範的な言い方としては認められていない。

一 「話しかける」は下一段活用動詞であり、可能表現は未然形「話しかけ」に「られる」を付ける。したがって、2「話しかけられ（なかった）」が適切。1「話しかけれ（なかった）」は、ら抜き言葉で不適切。

二 「焼く」は五段活用動詞であり、使役表現は未然形「焼か」に「せる」を付ける。したがって、1「焼かせて」が適切。2「焼かさせて」は、さ入れ言葉で不適切。

三 「聞き取る」は五段活用動詞であり、可能表現は可能動詞を用いる。したがって、2「聞き取れる」が適切。1「聞き取れれる」は、れ足す言葉で不適切。

四 「成り代わる」は動詞であり、助詞「て」に接続する場合は、連用形の促音便になる。したがって、2「成り代わって」が適切。「成り代わり」という名詞はないので、1「成り代わりして」は不適切。

五 「素知らぬ」は一語の連体詞なので、その一部である「ぬ」を「ない」に置きかえることはできない。したがって、1「素知らぬ」が適切で、2「素知らない」は不適切。

問4 ［敬語／文法］

解答　ア…3　イ…2　ウ…1　エ…2　オ…1　カ…3

解答のポイント　**和食店の店員と大学生とのやりとりの中で扱う言葉遣いの問題である。場面に応じた適切な敬語の使い分けや、言葉の決まりに則した言い方の選択が必要となる。**

ア　客である自分が部屋を予約することを、尊敬語や謙譲語を用いずに言っている、**3**「予約したい」が適切。**1**「ご予約になりたい」は、尊敬表現「ご～になる」を用いていて不適切。**2**の「ご予約する」は、行為の向かう先の人物に対する敬意を表す謙譲表現「ご～する」を用いているが、部屋は敬意の対象ではないので不適切。

イ　「入る」は五段活用動詞であり、可能表現は可能動詞を用いる。したがって、**2**「入れる」が適切。**1**「入られれる」は、未然形「入ら」に「れる」を付け、さらに「れる」を加えたような形で不適切。**3**「入れれる」は、不要な「れ」を加えていて不適切。

ウ　店員である自分が確認することを、謙譲語「いたす」を用いて言っている、**1**「確認いたします」が適切。**2**「ご確認されます」は、謙譲語「ご確認する」に尊敬の助動詞「れる」を付けた形で不適切。**3**「確認します」は、客への敬意が表されておらず、不適切。

エ　店員である自分が客に頼んで受け取ることを、お願いして受け取るという意味を表す謙譲語、

「申し受ける」を用いて言っている、2「申し受けます」が適切。1「もらいます」は、客への敬意が十分に表されているとは言えず、不適切。3「頂戴されます」は、謙譲語「頂戴する」に尊敬の助動詞「れる」を付けた形で、不適切。

オ　客が食べられないことを、尊敬語「召し上がる」を用いて言っている、1「召し上がれない」が適切。2「お召し上がりできない」は、客の行為に謙譲表現「お〜する」の可能形「お〜できる」を用いていて不適切。3「いただけない」は、客の行為に謙譲語「いただく」を用いていて不適切。

カ　客が希望することを、尊敬語「なさる」を用いて言っている、3「希望なさる」が適切。1「希望する」は、客への敬意が表されておらず、不適切。2「ご希望になられる」は、尊敬語「ご希望になる」に尊敬の助動詞「れる」を付けた過剰敬語で、不適切。

問5 【文法】

解答　2　3

解答のポイント　表現内容を意図したとおりに正確に伝えるためには、多様な解釈の生じる余地がないようにすることが望まれる。特に、文中の構成要素間の修飾・被修飾の関係が一義的にしかとらえられないようにしたい。多様な解釈を排除する方法として、文脈を明確にするための適切な語句を補ったり、語順や読点の打ち方に留意したりすることがあげられる。

1 「絵を描くことをなりわいとしている」のは「叔父」なのか、「叔父の娘」なのか、二通りの解釈が成り立つ。

2 「もうすぐクリスマスツリーの立ち並ぶ季節になる」は一通りの解釈に限られ、「今年も早いもので」（そういう）季節になるという関係であることを表している文であるので、多様な解釈は生じない。

3 「客が来たので」、「私は走り回る飼い犬を捕まえて」、その後「素早く別室に移した」という解釈に限られる。

4 「愛猫家《あいびょうか》の間で話題の」のかかる先が、「商店街」なのか、「洋菓子店」なのか、二通りの解釈が成り立つ。

5 「一年前に」のかかる先が、「（山田さんが）退職していた」なのか、「（大野さんから聞いて）知った」なのか、二通りの解釈が成り立つ。

問6 【語彙】

解答 一…2　二…3　三…1　四…2　五…2　六…3

解答のポイント 類義語と対義語についての問題である。個々の語の意味・用法をよく考えて、適切なものを選ぶようにしたい。

一「朗報」は、聞く人の気持ちを明るくするような良い知らせ。めでたい知らせ、また、幸先《さいさき》の良い知らせをいう、２「吉報」が類義語。１「特報」は、重要な情報として特別に扱われる報告や報道。３「警報」は、危険が迫っていることを広く人々に伝え、注意を呼びかける知らせ。

二「糸口」は、物事を進めたり解決したりする際のきっかけ。物事の始まるきっかけや手がかりをいう、３「端緒」が類義語。１「端子」は、電気機器や電気回路などを外部と接続する器具。２「先端」は、ものの先の部分。

三「符合」は、いくつかの物事の形などがぴったりと合うこと。比べてみてぴったりと合うことをいう、１「合致」が類義語。２「合体」は、二つ以上のものが一つになること。３「合算」は、複数の数値を合わせて計算すること。

四「抑制」は、度を超さないように、物事の勢いをおさえて止めること。対義語は、物事がはかどるように働きかけることをいう、２「促進」である。１「漸進」は、物事が時間をかけてゆっくりと進むこと。３「増進」は、物事の勢いなどが増すことで、「食欲が増進する」などと使う。

五「寛容」は、人の言動をよく受け入れ、人の過ちを厳しくとがめだてしない広い心を持っている様子。対義語は、厳しくて、不正や怠慢を許さない様子をいう、２「厳格」である。１「厳密」は、誤りや間違いがないように細かいところまで目が行き届いている様子。３「厳重」は、警戒や検査などで、どんなささいなことも見逃さないように注意する様子。

六「寡作」は、芸術家などが、作品を少ししか作らないこと。対義語は、芸術家などが、作品をたくさん作ることをいう、3「多作」である。1「傑作」は、優れた立派な作品。2「駄作」は、出来が悪く、つまらない作品。

問7 [語彙]

解答　一…2　二…4　三…3　四…1

解答のポイント　【　】内に示されている二語の関係は次のようになる。

◎「大」で始まる二字熟語と、その熟語の二字目が示す物事を表す二字熟語
◎ある行為を表す二字熟語と、その熟語の二字目が示す物事を表す二字熟語
◎ある物事を表す言葉と、それを含む物事を表す言葉（下位語と上位語）
◎ある場所を表す言葉と、そこに属して働く人を表す言葉

一　「大願」は大きな「願望」のことなので、二つの言葉は、「大」で始まる二字熟語と、その熟語の二字目が示す物事を表す二字熟語という関係である。同じ関係になっているのは2で、「大計」は大がかりな「計画」。1の「大義」は大切な道義。「義務」は、法律や規則などで定められた、人が当然しなければならないこと。3の「大勝」は、相手に大きな差をつけて勝つこと。「勝敗」は、勝つことと負けること。4の「大言」は、威張って大げさに言うこと、また、その言葉。「言質《げんち》」

は、交渉や約束などで、後の証拠として使われる言葉。1・3・4は、いずれも「大願 ― 願望」と同じ関係ではない。

二 「退官」は「官職」を退くことなので、二つの言葉は、ある行為を表す二字熟語と、その熟語の二字目が示す物事を表す二字熟語という関係である。同じ関係になっているのは4で、「納税」は、「税金」を納めること。1の「示談」は、争い事を、裁判などにかけずに当事者どうしで話し合って解決すること。「談合」は、何人か集まって相談し、物事を都合よく取り決めること。2の「組閣」は、内閣を組織すること。「閣議」は、内閣がその職務を行うために開く会議。3の「集金」は、会費や、何かを使用した料金などを人から集めること。「金策」は、さまざまに工夫して必要な金をとりそろえること。1・2・3は、いずれも「退官 ― 官職」と同じ関係ではない。

三 「形容詞」は「品詞」の一種なので、二つの言葉は、下位語と上位語の関係である。同じ関係になっているのは3で、「歌舞伎」は「芸能」の一種。1の「寺子屋」は、江戸時代、庶民の子どもに読み書きなどの「教育」を行った場所。2の「風物詩」は、人にその「季節」らしさを感じさせるもののこと。4の「大御所」は、ある分野において優れた能力や実績を持ち、陰で強い力を持つ人物。「重鎮」は、ある分野で重要な役目や重きをなす人物。1・2・4は、いずれも「形容詞 ― 品詞」と同じ関係ではない。

四 「学校」は「教員」などが働く場所であるので、二つの言葉は、ある場所を表す言葉と、そこに属して働く人を表す言葉という関係である。同じ関係になっているのは1で、「裁判所」は「判事」

などが働く場所。2の「運転士」は、電車などを運転する業務に就く人。「車掌」は、電車などで発車の合図などを務める人。3の「相撲」は、「力士」どうしが組み合って戦う競技。4の「文壇」は、「作家」や文芸評論家などの文学関係者で構成される社会の呼称。2・3・4は、いずれも「学校 ― 教員」と同じ関係ではない。

問8 ［言葉の意味］

解答 ア…2　イ…1　ウ…3　エ…1　オ…2

解答のポイント 会話の流れにふさわしい慣用表現などを考える問題である。

ア 石田さんの明るい未来が見えるようだということを言おうとしていると考えられるので、将来が明るく希望に満ちている様子をいう、2「前途洋洋」が適切。1「空前絶後」は、過去に例がなく、将来にも起こりそうにないほど、めずらしかったり程度が激しかったりする様子。3「清廉潔白」は、心が純粋で、我欲がない様子。1と3が、「～とした未来」の形をとることはなく、いずれも不適切。

イ こちらの頼みを一向に聞き入れようとしない態度だと言おうとしていると考えられるので、人の頼みなどを何の愛想もなく冷たくはねつける様子をいう、「けんもほろろ」を用いた、1「けんもほろろの（態度）」が適切。2「とりとめのない」は、言っていることに筋道やまとまりがない様子。3の「やぶれかぶれ」は、どうにでもなれという気持ちで、やけになる様子。2と3が、「態度」と結び付いて前述のような意味を表すことはなく、いずれも不適切。

ウ　最終選考に進むことに対して消極的だということを言おうとしていると考えられるので、不安から何かをするのをためらうことをいう、「尻込みする」を用いた、3「尻込みして」が適切。1の「腕を鳴らす」は、腕前を発揮したくて仕方がない様子。2の「肩で息をする」は、苦しそうに肩を上げ下げして、息を切らす様子。1と2は、いずれもこの文脈にはふさわしくない。

エ　適当にあしらう様子を表す言葉が入ると考えられるので、逆らわないで、穏やかにあしらうことのたとえである、1「柳に風」が適切。2「青菜に塩」は、元気をなくして、しょんぼりしている様子のたとえ。3「売り言葉に買い言葉」は、挑発的な言葉を受けて、負けじと強い口調で言い返すこと。2と3は、いずれもこの文脈にはふさわしくない。

オ　不平ばかり漏らしていないで、ということを言おうとしていると考えられるので、あれこれと文句を言うことを表す、「四の五の言う」を用いた、2「四の五の言ってないで」が適切。1の「図に乗る」は、物事が都合良く進むので、調子に乗ってつけあがること。3の「大見えを切る」は、自分の能力などについて大げさなことを言って、自信満々なところを見せること。1と3は、いずれもこの文脈にはふさわしくない。

問9 [言葉の意味]

解答 一…1　二…2　三…3　四…2

解答のポイント 同じ漢字が含まれている熟語の使い分けの問題である。意味のうえで共通するところがあるので、文意に沿った適切な言葉を選ぶことが必要となる。

一　よく考えたり調べたりしたとは思えない様子をいう、1「安直」が適切。2「実直」は、まじめで誠実な様子。3「率直」は、自分の気持ちなどを飾ったり隠したりしない、ありのままである様子。2と3は、いずれもこの文脈にはふさわしくない。

二　普段と違って素直でおとなしい様子をいう、2「神妙」が適切。1「珍妙」は、どこか変わっていて滑稽な様子。3「軽妙」は、文章や話などに滞りがなく、味のある様子。1と3は、いずれもこの文脈にはふさわしくない。

三　何らかの目的のために金品を出し合うことをいう、3「拠出」が適切。1「派出」は、ある仕事をさせるために人を出向かせること。2「放出」は、たくわえていたものを一度に外に出すこと。1と2は、いずれもこの文脈にはふさわしくない。

四　何かをしてみようという気持ちなどが高まることをいう、2「高揚」が適切。1「宣揚」は、広く世に示すこと。3「掲揚」は、旗などを高いところへ掲げること。1と3が「士気が〜した」の形で用いられることはなく、いずれも不適切。

問10 [言葉の意味]

解答 一…1　二…3　三…1

解答のポイント **日常よく耳にしたり、また、実際に使ったりしていながら、意味を取り違えやすい言葉を扱った問題である。言葉の正しい意味を理解し、間違った使い方やほかの言葉と混同した使い方をしないようにしたい。**

一「もろ手をあげる」は、異論なくそのことを歓迎する様子。一も二もなく賛成したということを言っている、1が適切。2は、「白旗をあげ（た）」などとするのが適切な文。3は、「平身低頭し（て）」などとするのが適切な文。

二「まんじり」は、少しだけ眠る様子。「まんじりともしない」など、多く打ち消しの語を伴う。緊張と不安で一睡もできなかったということを言っている、3が適切。1は、「ひょうひょう」などとするのが適切な文。2は、「まんじりと」を「あぜんとして」などとするのが適切な文。

三「札付き」は、悪い評判が定着していること、また、そういう評判の人。悪評が高いということを言っている、1が適切。2は、「折り紙付き」などがふさわしい文。3は、「いわく付き」などがふさわしい文。

問11 [言葉の意味]

解答 一…2　二…3　三…4　四…1

解答のポイント 漢字には複数の意味を表すものがある。熟語の構成要素として用いられる個々の漢字の意味を的確に理解することは、語の意味の正しい理解のために大切なことである。

一【産】…2「生産」の「産」は、ものを作り出すという意味を表す。1「資産」、3「遺産」、4「破産」の「産」は、暮らしのもとになる財産という意味を表す。

二【転】…3「移転」の「転」は、何かを変えて移るという意味を表す。1「転落」、2「転倒」、4「横転」の「転」は、ひっくり返るという意味を表す。

三【追】…4「追跡」の「追」は、追いかけるという意味を表す。1「追加」、2「追試」、3「追記」の「追」は、あとからもう一度行うという意味を表す。

四【切】…1「切実」の「切」は、差し迫るという意味を表す。2「切断」、3「切開」、4「切除」の「切」は、刃物などを用いて切るという意味を表す。

問12 ［表記］

解答 ア…○　イ…○　ウ…×　エ…○　オ…○　カ…×　キ…×　ク…×
ケ…○　コ…×　サ…○　シ…○　ス…○　セ…×　ソ…×　タ…×
チ…×　ツ…○

解答のポイント 漢字の使い分け・送り仮名・仮名遣いの誤りが含まれている。送り仮名については、「常用漢字表」（内閣告示　平成二十二年）および「送り仮名の付け方」（内閣告示　平成二十二年）を、仮名遣いについては、「現代仮名遣い」（内閣告示　平成二十二年）を基準としている。

ア　**特徴**…適切な表記。
イ　**風鈴**…適切な表記。
ウ　**狭まる**…「挟まる」が適切な表記。二つの物の間に位置すること。
エ　**まぢか**…適切な表記。
オ　**異なもの**…適切な表記。
カ　**排徐**…「排除」が適切な表記。そこにあってはいけないものとして取り除くこと。
キ　**貴調**…「基調」が適切な表記。取り合わせや考え方の中心となっているもののこと。
ク　**膝器**…「漆器」が適切な表記。漆塗りの器のこと。

ケ　**発揮**…適切な表記。

コ　**相族**…「相続」が適切な表記。親族の財産などを受け継ぐこと。

サ　**電球**…適切な表記。

シ　**乏しい**…適切な表記。

ス　**浸食**…適切な表記。

セ　**こおむる**…「こうむる」が適切な仮名遣い。「こうむる」「とうだい」「ほうる」などオ列の長音は、オ列の仮名に「う」を添えるという原則にしたがって、傍線部のように書き表すのが決まりである。

ソ　**快的**…「快適」が適切な表記。不便や不自由を感じることがなく、気持ちが良い様子。

タ　**個展的**…「古典的」が適切な表記。昔ながらの伝統に従う様子。

チ　**兼ね備なえる**…「兼ね備える」が適切な送り仮名。活用のある語は活用語尾から送るという原則に従って、「え」から送るのが決まりである。

ツ　**提案**…適切な表記。

問13　【表記】

解答　一…至上　二…換気　三…照合　四…有志　五…後進

解答のポイント パソコンなどでの入力では、手書きでは考えられないような誤りが生じることがある。特に、同じ読み方をする言葉に注意が必要である。

一 「至上」が適切な表記。他の何よりも上位にあること。「紙上」は、紙のうえ、また、新聞などの記事面のこと。
二 「換気」が適切な表記。室内の空気を入れかえること。「喚起」は、注意などを呼び起こすこと。
三 「照合」が適切な表記。同じものかどうかを比べ合わせてみること。「称号」は、身分や資格を表す呼び名のこと。
四 「有志」が適切な表記。一緒に物事を行おうとする気持ちのある人のこと。「勇姿」は、困難を恐れず意気込む姿のこと。
五 「後進」が適切な表記。ある方面で前の人がたどった道を後から進む人のこと。「行進」は、大勢の人が、列を組んで進んでいくこと。

問14 【漢字】

解答 一…投　二…心　三…花　四…得　五…根

解答のポイント アとイに共通する漢字一字を書いて、慣用句やことわざ、四字熟語を完成させる問題である。

一　思案投げ首…どうしたらよいか、良い考えが浮かばず困り果てている様子。
意気投合…趣味や考え方などが同じで、気が合うこと。
二　心を奪われる…その美しさなどに、すっかり引き込まれること。
心機一転…何かをきっかけに気持ちを改め、前向きになること。
三　花を添える…華やかなものの上に、さらに華やかなものを重ねること。
百花繚乱《りょうらん》…たくさんの花が美しく咲き乱れるように、優れた人物や業績が一時期に多く現れること。
四　所を得る…能力や特性に合った役目を得て、力を発揮すること。
一挙両得…一つのことをして同時に二つの利益を得ること。
五　舌の根の乾かぬうち…言ったそばから、前言に反するような言動をする様子。
事実無根…それが事実であるということの根拠が何もない様子。

問15　[漢字]

解答　一　ア…2　イ…3　二　ア…1　イ…1　三　ア…1　イ…2

四　ア…1　イ…1　五　ア…3　イ…2

解答のポイント　同音の漢字の使い分けに関する問題である。

一　**ア**は、**2**を用いた「励行」で、決められた規則や約束などを破らないように努めること。**イ**は、「零」を入れて、規模の小さい会社をいう、「零細企業」となるので、適切なものがない。

二　**ア**は、**1**を用いた「義憤」で、道義に外れたことなどに対するいきどおり。**イ**も、**1**を用いた「憤然」で、ひどく怒る様子。

三　**ア**は、**1**を用いた「裁量」で、自分の考えどおりに判断し処理すること。**イ**は、**2**を用いた「栽培」で、植物を育てること。

四　**ア**は、**1**を用いた「懇意」で、親しく交際している様子。**イ**も、**1**を用いた「懇親会」で、参加した人々が互いに知り合い、親睦を深めるための会のこと。

五　**ア**は、「括」を入れた、全てを一つにまとめて扱うことをいう、「一括」などがふさわしいので、適切なものがない。**イ**は、**2**を用いた「所轄」で、役所などが、ある範囲を管轄すること。また、その範囲。

問16 ［総合問題］

解答 一…販売　二　イ…4　ウ…3　三…1　四…2

解答のポイント 「フェイクニュース」について、資料を基に考察した文章を題材にした問題である。資料から読み取れることや資料に基づいて考えたことが、どう表現されているかが主な問いの内容である。文章と資料を関連付けて読み取る力とともに、筆者の立場から、どのように表現することが適切かを考える力が必要となる。

一　商品などを売ることで、「販売」と書く。

二　第二段落では、SNSが「フェイクニュース」の生まれやすい環境にあると述べたうえで、**図1**から、SNSに対する人々の信頼の度合いが低いことを読み取っている。**イ**を含む文は、この分析を受けて書かれた箇所であるので、SNS上の情報があまり信用できないことは世間に広く知られているようだということが述べられていると考えられる。したがって、**イ**は、**4**「信ぴょう性に欠ける」が適切。**ウ**を含む段落では、「フェイクニュース」を流布させているメディアは何であるのか考察している。**図2**の分析から、「SNS上の『フェイクニュース』をテレビが取り上げて報じたことで、一気に情報が広がっていったのだろう」と結論付けていることから、「フェイクニュース」を最も流布させているメディアはテレビであると考えていることが分かる。したがって、**ウ**は、

3「拡散されやすい」が適切。

三　第四段落では、内容を厳しくチェックして発信するテレビでも「誤った情報が流れることはあるはずだ」という推測のもと、「情報の受け手にその真偽を確認する姿勢が欠けていれば、『フェイクニュース』は瞬く間に社会へと広がっていってしまうだろう」と指摘している。したがって、エを含む文では、テレビが流す情報に強い信頼を置くことに警鐘を鳴らしていると考えられる。よって、1「かえって危険」が適切。2・3・4は、テレビが流す情報に強い信頼を置くことを問題視する文脈に合わず、いずれも不適切。

四　筆者は第二段落で、SNSは「フェイクニュース」が生まれやすい環境にあると述べた一方、第三段落では、その「フェイクニュース」を広めているのはテレビなのではないかと考察している。また、続く第四段落では、「フェイクニュース」が社会に広がっていくことの一因として、テレビに強い信頼を置くあまり、情報を鵜呑《うの》みにしてしまう人々の存在があるのかもしれないと述べている。このことから筆者は、情報を拡散する力の大きいテレビが「フェイクニュース」を取り上げ、それを正しいものだと信じ込む人々のいることが、フェイクニュースが社会に広がっていく一つの原因なのではないかと考えていることが分かる。したがって、2「テレビで取り上げられた『フェイクニュース』を、正しい情報だと信じ込む人々がいるからかもしれないと考えている。」が適切。1は、本文中では、SNSの情報を拡散する力の大きさが原因であるということは述べられていないので、不適切。3は、情報の受け手がその真偽を確かめようとしないことだけが原因だとは述べられていないので、不適切。４は、ＳＮＳのユーザーが情報を拡散することについては述べられていないので、不適切。

問17 【総合問題】

解答 一…２　二…３　三…４　四…２

解答のポイント 文章の的確な読み取り、文相互の論理的な関係の理解を通して、文脈に合った語句を選択するなどの問題である。文章全体の趣旨を理解するとともに、細部まで気を配って読むことが必要となる。

一　**ア**は、「都会には何でもあるような気がしてくる」ことと、「不意に望郷の念に駆られることがある」こととをつなぐ部分である。その後の文で、「郷里では味わえていた何かが、ここでの生活にはないような気がする」と述べられていることから、筆者は、都会には何でもあるような気がしていながら物足りなさを感じて故郷を懐かしむという、相反する思いを抱えていることが分かる。したがって、**ア**には、前に述べたことに反することを述べる際に用いられる言い方である、「そうであっても」もしくは「しかしながら」が入ると考えられる。**ウ**を含む文の後の文に、「町の人たちと関わり協力することで、地域との強い結びつきを感じられたものだ」とある。これは友人の「みんなでつくり上げた祭りだから楽しい」という発言と、地域の人と関わることで得られる充足感という点で関連しているので、筆者は友人の言葉に賛同していると考えられる。このことから、ウには、相手の意見に同調する言い方である「私は心から共感した」が入ると考えられる。したがって、**ア・ウ**の組み合わせとして適切なものは、**2**である。

二　「ご多分に漏れず」は、話題にしている物事も、同様のほかのものと同じように、ということを表す。したがって、似た意味を表す言い方は、**3**「例外ではなく」である。

三　**エ**には、「充足感を得て心豊かに」暮らしていくために必要なことが入ると考えられる。第二段落に「食を通じて地域とのつながりを感じ、心が満たされたのかもしれない」、第三段落に祭りの準備を通じて「地域との強い結びつきを感じられたものだ」とあることから、筆者は自身と地域との関わりを感じることによって心が満たされるのだと考えていることが分かる。したがって、**エ**は、**4**「地域との関わりを感じられること」が適切。**1・2・3**は、いずれもこの文脈にはふさわしくない。

四　本文では、不足がないと思われる都会での生活に物足りなさを感じたことをきっかけに、筆者が自身の生活に求めているものについて考察されている。第二段落と第三段落で、故郷で感じた心の充足に触れ、第四段落を「心豊かに日々の生活を送っていくためには、地域と関わり、周りの人々とつながることによって得られる心の充足こそが必要だ」と結んでいる。このことから、筆者は本文全体を通じて、自身が心豊かに暮らしていくために必要なものについて思考をめぐらせていると考えられる。したがって、２「心豊かな暮らしには、何が必要なのだろうか。」が適切。１・３・４は、いずれも先に述べた本文全体の趣旨にそぐわず、不適切。

カバーイラスト…………福政真奈美
装丁…………………………難波邦夫
DTP…………………………牧屋研一
本文イラスト……………黒沢信義

日本語検定《にほんごけんてい》 公式過去問題集《こうしきかこもんだいしゅう》 3級 令和6年度版

第1刷発行　2024年3月31日

編　　者　日本語検定委員会《にほんごけんていいいんかい》
発 行 者　渡辺能理夫
発 行 所　東京書籍株式会社
〒114-8524　東京都北区堀船2-17-1
電話 03-5390-7531（営業）　03-5390-7506（編集）
日本語検定委員会事務局
フリーダイヤル 0120-55-2858
印刷・製本　図書印刷株式会社

ISBN978-4-487-81753-5 C0081

東京書籍　https://www.tokyo-shoseki.co.jp
日本語検定委員会　https://www.nihongokentei.jp